교회에 대한 절망과 냉소가 팽배한 시대에 저자 박영호 목사는 교회가 희망이라고 외친다. 그 말이 공허하게 들리지 않으려면, 그가 제시한 희망의 근거와 논리가 조금이라도 설득력이 있어야 한다. 저자는 그 희망의 싹을 사람에게서 본다. 세상의 희망이 되는 교회의 미래를 열어 갈 목사 후보생들 안에 움트는 꿈에서 본다. 그들이 품고 있는 교회의 청사진과 목회 비전은 미래 교회의 모습을 형성하는 데 결정적 요인이 될 것이다. 저자는 말씀을 통해 하나님이 주신 교회의 꿈을 그들과 함께 나누며 거룩한 상상력을 고취시킨다. 그는 교회가 수적으로 부흥하던 과거의 영광을 회복하는 데 희망이 있다고 보지 않는다. 오히려 그 시절 교회에 상처가 가장 깊게 파이기 시작했다고 진단한다. 도무지 길이 보이지 않을 때 다시 기본으로 돌아가야 한다는 말이 있듯이, 그는 아주 단순하고 소박한 갱신의 길을 제시한다. 예배, 섬김, 습관, 성품이라는 우리에게 익숙한 주제를 신선한 각도에서 재조명하여 그것이 어떻게 희망이 되는 교회의 기초가 되는지를 설득력 있게 풀어 간다. 저자의 신학과 목회가 한데 어우러져 흘러나오는 지혜와 통찰로 가득한 이 책은, 읽는 이의 상상을 자극하며 지금의 위기는 하나님 안에서 끝이 아니라 새로운 시작이 될 수 있다는 꿈을 꾸게 할 것이다.

박영돈 고려신학대학원 교의학 명예교수·작은목자들교회 담임목사

이 책은 한국교회가 앞으로 나아가야 할 이정표를 제시한다. 우리의 예배와 섬김이 어떠해야 하며, 우리의 습관과 성품이 얼마나 중요한지, 교회가 어떻게 희망일 수 있는지 그 이유와 당위를 설득력 있게 풀어낸다. 이 책의 가장 큰 장점은 인간의 지정의(知情意) 전체를 향한 선포라는 점이다. 글을 읽는 동안 지성이 부지런히 움직이고, 감성이 깨어나며, 실천하려는 의지가 불끈 솟구친다. 우리의 전 존재를 향한 선포를 만나는 가운데 우리의 안전한 존재 기반이 흔들리고, 우리 존재의 근원이며 희망이신 하나님을 다시 바라보게 된다.

나는 사경회 현장에서 박영호 목사의 설교를 직접 듣는 행운을 누렸다. 설교는 '기록된' 말씀이기 이전에 '선포된' 말씀이므로, 읽는 것보다 듣는 것이 우선적이다. 설교자의 표정, 몸짓, 음색, 그리고 청중의 눈빛과 반응, 분위기까지 지금도 생생하게 떠오른다. 이 책이 그 현장의 감동을 오롯이 전달할 수는 없을지라도, 설교자의 진심과 열정은 고스란히 느끼게 해줄 것이다. 교회를 사랑하고, 교회 때문에 아파하며, 여전히 교회가 희망이라고 고백하는 모든 그리스도인에게 이 책을 기꺼이 추천한다.

박경수 장로회신학대학교 역사신학 교수

박영호 목사는 지난봄 모교 사경회에서 학업 및 사역 현장에서 분투하는 신학생들의 마음을 생수와 같은 말씀으로 시원하게 적셔 주었다. 사경회 현장에서 그 생수를 들이켰던 나는 감히 단언한다. 신학교 시절은 아득하고, "하나님에 관해 말해야 하는 당위성과 말할 수 없는 불가능성이라는 모순된 지점"에 오랫동안 서 있어야 했던 목회자들에게 이 생수를 어서 보내야 한다고. 이 땅에 푸르고 푸른 그리스도의 계절이 오기를 꿈꾸는 모든

그리스도인이 이 생수를 속히 마셔야 한다고.

이 세상 그 무엇이든지 "마침내"라고 말하는 것은 쉬운 일이 아니다. 교회의 위기를 넘어 더 이상 교회에 희망이 없다고 말하는 시대에 주저 없이 "마침내, 교회가 희망이다"라는 결론이 나오려면 흙 도가니에 일곱 번 단련한 명징함 없이는 안 될 것이다. 언제나 그랬듯이 박영호 목사는 세밀하고 촘촘한 논리와 진중한 설득력으로 사경회 강단에 올랐다. 정교하고 예기치 못한 성경 해석의 날실과 노련하면서도 신선한 인문학의 씨실로 복음의 태피스트리를 탁월하게 짰냈다. 이 책을 통해 독자들은 우리의 일상적 예배와 섬김, 습관과 성품 속에 그토록 염원해 온 구원과 회복과 치유의 길이 있음을 발견할 것이다. 이 책이 우리 가운데 있는 희망을 발견하고 그로부터 교회의 미래를 열어 가는 데 귀한 도구가 되기를 소망한다.

송용원 장로회신학대학교 조직신학 교수

우리는 과거 한국교회의 영광을 그리워하지만 그때로 돌아갈 길이 도무지 보이지 않아 절망감을 느낀다. 목회자나 평신도 할 것 없이 위기의식을 넘어 패배의식이 알게 모르게 스며들어 있음을 부인하기 어렵다. 그럼에도 박영호 목사는 "교회가 희망이다"라고 선언하기를 주저하지 않는다. "교회에 희망이 있다"라고 말하지 않고, "교회가 희망이다"라고 말하는 것에 주목하게 된다. 그는 한국교회가 과거의 부흥기로 다시 돌아갈 수 있다고 주장하지 않는다. 과거로의 회귀가 아니라, 하나님께서 꿈꾸시는 교회가 세상의 희망이 되는 미래를 지금 여기서부터 만들어 갈 것을 역설한다. 이 책을 통해 독자들은 한국교회의 영광의 시대가 아직 오지 않았음을 발견하게 되리라 믿는다. 그렇기에 지금은 냉소와 패배의식에 사로잡혀 있을 때가 아님을, 나아가 교회가 진정 이 세상에 희망의 빛을 발하기를 갈망하며 각자의 자리에서 자신을 주님께 온전히 내어드리기로 결단해야 할 때임을 깨닫게 될 것이라 확신한다.

송태근 삼일교회 담임목사

이 책은 위기의 시대에 교회가 무엇을 해야 하는지 서둘러 제시하기보다는 먼저 교회가 어떠해야 하는지 생각하게 한다. 교회의 본질을 이해하면 교회의 역할은 자연스럽게 드러나기 마련이다. 본질을 되찾을 때 교회는 희망이 될 수 있다. 예배가 살아 있는 교회는 하나님의 샬롬이 임하고 우리 가운데 있는 하나님 나라를 경험하게 한다. 하나님께서 모든 주권을 가지신다는 신앙 패러다임의 전환은 이타적 섬김으로 이어지며 결국 교회를 치유의 장으로 변화시킨다. 교회에 희망이 없다고 탄식하기보다 우리가 희망이 되는 교회를 하나 세워 간다면, 그 교회는 핍박과 고난 가운데 흥왕했던 1세기 교회처럼 세상의 희망이 되고 세상을 변화시킬 것이다. 한 장 한 장 귀중한 내용으로 가득한 이 책은 목회자와 신학생들뿐 아니라 교회의 미래를 꿈꾸는 모든 그리스도인에게 큰 도움이 될 것이다. 감사한 마음으로 적극 추천한다.

최도성 한동대학교 총장

마침내, 교회가 희망이다

마침내, 교회가 희망이다

박영호 목사

복 있는 사람

마침내, 교회가 희망이다

2024년 1월 29일 초판 1쇄 인쇄
2024년 2월 5일 초판 1쇄 발행

지은이 박영호
펴낸이 박종현

(주) 복 있는 사람
주소 서울특별시 마포구 연남동 246-21(성미산로23길 26-6)
전화 02-723-7183(편집), 7734(영업 · 마케팅)
팩스 02-723-7184
이메일 hismessage@naver.com
등록 1998년 1월 19일 제1-2280호

ISBN 979-11-7083-102-0 03230

ⓒ 박영호 2024

차례

한 왕이 죽고 새 왕이 즉위하지 않은 상태를 'interregnum'이라고 부릅니다. 이 말은 왕위가 비어 있다는 의미에서 '공위'(空位)로 번역됩니다. 한 사회의 체제나 문화와 관련해 기존 것은 사라지고 없는데, 새로운 것이 아직 들어서지 않은 위기 상황을 '공위 시대'(interregnum period)라고 표현하기도 합니다.

오늘날 우리는 디지털 기술의 급속한 발전과 확산에 의한 문명사적 대전환을 앞두고 있습니다. 그러나 우리는 이를 제대로 전망하고 소화할 수 있는 철학적·윤리적 틀을 갖추지 못하고 있습니다. 급속한 사회 변화는 세대 간, 계층 간의 단절과 분화를 심화시키고 있습니다. 지식과 정보가 범람하고 소통의 가능성이 크게 열렸지만, 사람들의 편견과 혐오는 오히려 더 강해지고 있습니다. 세계에 제대로 된 민주주의가 뿌리를 내린 지백 년도 못 되었는데, 그 체제는 이른바 선진국들에서부터 삐걱거리고 있습니다. 코로나19 사태는 공동체의 문제를 해결하기에 현 세계가 얼마나 취약한지를 보여주었습니다. 부도덕한 전쟁과 노골적인 환경파괴 행위에 대해 국제사회가 아무런 조치도 취하지 못할 만큼, 나라들 간에도 각자도생하는 시대가 되어 버렸습니다. 우리는 인류 역사상 가장 풍요한 시대를 살고 있지만, 동시에 미래에 대한 전망이 가장 어둡고 우울한 시대를 살고 있습니다.

우리나라는 어느 나라보다도 빠르게 성장했고, 또 그만큼 빠른 수축을 경험하고 있기에 미래에 대한 불안이 더 클 수밖에 없습니다. 한국교회는 우리나라의 근대화와 고속 성장에 기여한 면이 많지만, 그런 만큼 성장의 그늘에서 발생한 병폐들에 대한 책임도 있습니다. 그래서인지 고속 성장의 후유증인 '짙은 불안'을 한국교회가 가장 심하게 앓고 있는 것 같습니다. 짧았던 한국교회의 봄은 영영 지나가 버린 것일까요?

이 불안한 물음 가운데 모교 사경회 강단에 올라 장차 한국교회의 미래를 이끌어 가야 할 신학생들을 만났습니다. "교회가 희망이다"라고 힘주어 말해 본들, 그 말에 무게가 실리기 어려운 시절이기에 고민이 깊었습니다. 오늘 교회가 자리하고 있는 삶의 현장에 대한 질문을 치열하게 해야 했습니다. 이 설교를 전할 때가 작년에 출간된 저의 책 『시대를 읽다, 성경을 살다』 원고를 마무리할 즈음이었습니다. 이 시대와 관련해서는 같은 문제의식을 전제하고 있으므로, 이 책과 함께 읽어 보셔도 좋을 것입니다.

그리스도인들에게 'interregnum'은 인생의 기본값이라고 할 수 있습니다. 세상의 풍조를 따라 살던 우리가 새 왕을 섬기기로 결단하는 것이 믿음의 출발이기 때문입니다. 새 왕을 모신 감격에 따라 삶의 모든 부분에서 체계가 새롭게 잡히면 좋을 텐데, 그렇지 않은 경우가 많습니다. 그리스도인들이 신앙생활에서 '광야' 경험을 하는 이유가 그것입니다. 예수의 제자들도 그랬습니다. 예수께서 "나를 따르라"고 말씀하셔서 따라나섰는데, 그 스승이 십자가에서 죽음을 당하십니다. 부활해 오셔서 이제 뭔가 되는가 싶었는데 다시 하늘로 사라져 버리십니다. 그 자리를 카리스마적인 사도들이 채웠는데 그들도 곧 순교하고 맙니다. 이런 당혹감 속에 던져진 사람들 가운데 하나님께서 역사하셨습니다. 믿음의 조상 아브라함의 신앙 여정 역시 익숙한 삶의 환경, 곧 이대로라면 어떻게든 삶을 꾸려 볼 수 있겠다 싶은 안정감과 자신감의 근거가 해체되면서 시작되었습니다. 또한 모세가 죽고 여호수아가 경험한 기막힌 'interregnum'은 이스라엘 역사상 가장 빛나는 승리를 앞두고 있던 때였습니다.

봄을 맞이하려면 이전 것은 떠나보내야 합니다. 설교를 준비하며 우리가 떠나보내야 할 문화적 전제와 신학적 관성, 교회의 습속들을 헤아려 보고, 정말 붙들어야 할 본질이 무엇인지 고민했습니다. 세상의 희망이 되는 교회는 어떤 교회인지 끊임없이 질문하며, 그 교회를 떠받치는 네 기둥을 차례로 그려 보았습니다.

예배가 구원이다
섬김이 치유다
습관이 영성이다
성품이 선교다

　이 네 기둥의 주초를 든든히 놓고, 함께 희망의 교회를 세워 가자는 초청을 하고 싶었습니다. '한국교회의 봄을 다시 기대해도 좋을까?' 두렵고도 설레는 마음으로 후배들 앞에 섰습니다. 어린아이처럼 기뻐 뛰며 찬양하는 그들의 모습에서, 선포되는 말씀을 대하는 그 반짝이는 눈동자에서, 또 제자들 못지않게 진지하게 경청하며 "아멘" 하는 교수님들에게서 희망을 보았습니다. 사경회 이후로 신학생들이 자연스럽게 모여 기도하는 모임이 시작되었고, 끊이지 않고 이어지고 있다는 소식을 전해 들었습니다.
　사경회를 마치는 날 아침, 성질 급한 벚꽃들이 아차산 기슭에서 꽃망울을 틔우기 시작했습니다. 그 꽃망울에 신학생들의 상기된 얼굴이 겹쳐 보였습니다. '아! 봄을 기대해도 좋겠구나' 하면서 교정을 내려오는데 이 시가 떠올랐습니다.

　얘들아, 저 봄 봐라
　창문을 열었지요

　그런데 아이들은

힐끔 보곤 끝입니다

지들이 그냥 봄인데

보일 리가 있나요

　　　　　　　　　　—고춘식, 「봄, 교실에서」

　희망은 사람에게 있습니다. 산과 들에 꽃이 지천으로 피어도 함께할 사람이 없다면 우리의 삶은 허망할 것입니다. 이 어려운 시대에 신학교에 입학해 자신의 삶을 헌신하는 이들이 있다는 것이 희망입니다. 찬양 가운데 하나님 나라를 맛보고, 말씀에 순종함으로 하나님의 통치를 드러내 보이려는 젊은이들이 있다는 것이 희망입니다. 한국교회의 현실을 아파하면서 눈물로 기도하는 성도들이 있다는 것이 희망입니다.

　이제 "한국교회에 희망이 있을까요?"라고 묻는 젊은이들에게 이렇게 말할 수 있겠습니다. "너희가 희망이야!" 한 걸음 더 나아가 함께 희망이 되자고 격려하며, 기성세대가 그들에게 조금이라도 힘을 보태 줄 수 있으면 좋겠지요.

　다섯 차례에 걸쳐 신학생들에게 전한 설교를 새롭게 재집필하여 세상에 내어놓습니다. 목회자와 신학생들뿐만 아니라 교회를 사랑하고 교회 때문에 아파하는 모든 그리스도인이 우리 가운데 있는 희망을 알아차리고, 함께 희망이 되는 교회의 미래를 열어 가는 데 작게나마 도움이 되었으면 하는 바람입니다. 말씀의 장에 함께한 신학생들, 중보와 격려를 아끼지 않으신 교수님들, 그리고 채 여물지 못한 생각을 책으로 출간하도록 적극 독려

해 주신 복 있는 사람 출판사 박종현 대표님과 녹취 원고를 정리하고 다듬어 주신 이경훈 편집자님에게 감사드립니다.

봄 같은 기쁨으로 우리와 함께하시는 하나님을 찬양합니다.

2024년 1월

박영호

일러두기

1. 이 책은 2023년 3월 22-24일 장로회신학대학교 신학대학원 사경회에서 전한 주제설교를 저자가 새롭게 재집필하여 목회자 및 신학생들뿐 아니라 교회의 미래를 소망하는 모든 그리스도인을 위해 내놓은 것이다.
2. 이 책에 인용된 성경 구절은 '개역개정'을 따랐으며, 다른 역본을 사용한 경우 별도 표시했다.

1강
예배가 구원이다

여호와께서 모세에게 이르시되 너는 바로에게 가서 그에게 이르기를 여호와의 말씀에 내 백성을 보내라. 그들이 나를 섬길 것이니라. 네가 만일 보내기를 거절하면 내가 개구리로 너의 온 땅을 치리라. 개구리가 나일 강에서 무수히 생기고 올라와서 네 궁과 네 침실과 네 침상 위와 네 신하의 집과 네 백성과 네 화덕과 네 떡 반죽 그릇에 들어갈 것이며 개구리가 너와 네 백성과 네 모든 신하에게 기어 오르리라 하셨다 하라.

출애굽기 8:1-4

Master of Divinity, 그 무모함에 대하여

좋으신 하나님께서 주시는 은혜와 평화가 여러분과 이 자리
에 가득하기를 바랍니다. 오늘 이 사경회를 준비하느라 수고하신
분들, 특별히 신대원 학우회 임원들과 찬양을 인도해 준 찬양팀
에게 감사드립니다. 저는 포항제일교회 박영호 목사입니다. 장신
대 신대원 87기로 약 30여 년 전 이곳에서 공부했습니다. 그 후
1997년 미국 유학을 떠나 시카고 대학교에서 수학했습니다.

저는 커피를 무척 좋아합니다. 제가 공부하던 시카고 대학교
를 생각하면 캠퍼스에 있는 카페들이 먼저 떠오를 정도입니다.
그곳 신대원 건물에 'Grounds of Being'(존재의 근원)이라는 카페
가 있습니다. 카페 이름이 '존재의 근원'이라니, 다소 무거운 느

낌도 있습니다. 신학자 폴 틸리히(Paul Tillich)가 시카고 대학교에서 가르친 적이 있기 때문에 그의 저서에서 이 이름을 따왔습니다. 'ground'라는 말에는 커피콩을 '갈다'(grind)라는 뜻도 있어서, 카페 이름으로 그리 나쁘지 않은 것 같습니다. 이 카페의 공식 명칭은 'The Divinity School Coffee Shop'인데, 학생들은 줄여서 'Divinity Cafe'라고 부릅니다. 이러한 이름의 뉘앙스에 착안하여, 이 카페는 "Where God Drinks Coffee", 곧 "신이 와서 커피를 마시는 곳"이라는 익살맞은 홍보를 하기도 합니다. 제가 이런 이야기를 하는 이유는 여러분이 모두 'Master of Divinity'(교역학 석사) 과정 학생들이기 때문입니다. 여기서 'divinity'(신성)라는 말이 어떤 느낌을 주는지 한번 생각해 보자는 것입니다. 정말 부담스럽지 않습니까? 사실 저는 'Master of Divinity'가 말이 안 되는 학위 명칭이라고 생각합니다. '신성을 마스터하다', 곧 신성에 통달한다는 뜻이니까요. 여러분은 지금 말이 안 되는 일을 하고 있습니다. 그러니 얼마나 힘든 과정이겠습니까?

텍사스 크리스천 대학교 브라이트 신학대학원에 계신 강남순 교수님이 『데리다와의 데이트』[1]라는 책을 쓰셨습니다. 내용도 흥미롭지만, 제목이 인상적입니다. 왜 '데이트'라는 표현을 썼을까 궁금했는데, 이런 말이 나옵니다. "데리다를 마스터하는 것, 통달하는 것은 불가능하다." 데리다를 한 학기 공부한다고 해서 마스터할 수 없다는 것입니다. 신대원에서 출애굽기를 한 학기 공부한다고 해서 출애굽기를 마스터할 수 있습니까? 저의 신대원 시절에는 산상수훈 과목이 있었습니다. 그때 제가 조교를 맡기도 했는데, 담당 교수님이 성경 세 장을 가지고 한 학기 동안 강의를 한다고 하셔서 의아해했던 적이 있습니다. 그런데 학기를 마치고 나니 산상수훈에 대해 모르는 것이 더 많다는 사실을 깨달았습니다. 시카고 대학교에서 가르쳤던 한스 벳츠(Hans Dieter Betz)라는 교수님은 산상수훈만으로 8백 페이지에 가까운 주석서를 썼습니다.[2] 제가 그 책을 열심히 읽었지만 여전히 산상수훈에 대해 모르는 것이 많습니다.

성경 한두 장 공부하는 것도 이렇게 어려운 일인데, 어떻게 신성에 통달한다고 말하겠습니까? 베드로후서 1:4을 보겠습니다.

> 이로써 그 보배롭고 지극히 큰 약속을 우리에게 주사 이 약속으로 말미암아 너희가 정욕 때문에 세상에서 썩어질 것을 피하여 신성한 성품에 참여하는 자가 되게 하려 하셨느니라.

본문에서 말하듯이 "신성한 성품에 참여하는" 것은 가능할지도 모릅니다. 아니, 꿈꿔 볼 수 있을지도 모릅니다. 우리가 서 있는 서방신학 전통, 곧 아우구스티누스, 칼뱅 등을 잇는 전통에서는 이런 말조차도 부담스러워합니다. 하나님은 '전적인 타자'로서, 하나님과 우리 사이에는 본질적 차이가 있는데 우리 같은 존재가 어떻게 신성에 참여하느냐는 것입니다. 반면에 동방교회는 신성에 참여하는 것이 중요한 신앙의 목표입니다. 아무튼 인간인 우리가 신성에 참여하는 것 정도는 꿈꿀 수 있을지 모르지만, 신성을 마스터한다는 것은 어리석은 생각입니다. '마스터하다'

라는 말에는 '달인이 되다'라는 뜻도 있습니다. 요즘 '설교의 달인'이라는 말이 종종 나오는데 지나친 표현입니다. 설교가 무엇인지도 모르는 사람들이 하는 말입니다. 결코 달인이 될 수 없는 것이 설교입니다. 칼 바르트(Karl Barth)는 이렇게 말합니다.

> 우리는 신학자로서 하나님에 관해 말해야 한다. 그러나 우리는 인간이며 그래서 하나님에 관해 말할 수 없다.

하나님에 관해 말해야 하는 당위성과 말할 수 없는 불가능성을 알고, 이 모순된 지점에 자신이 서 있음을 아는 것이 설교자에게 필요한 지혜입니다. 이 모순은 감당하기 힘든 위기를 초래합니다. 그러나 동시에 "이 위기 자체가, 우리가 하나님께 영광을 돌릴 수 있는 기회가 될 수 있다"라고 바르트는 또한 말합니다.

최근에 디트리히 본회퍼(Dietrich Bonhoeffer)의 설교집[3]이 출간되어 조금씩 읽고 있는데, 청파교회 김기석 목사님이 쓰신 해설의 글이 실려 있습니다. 여기에 조르주 베르나노스의 『어느 시골 신부의 일기』의 한 대목이 인용됩니다.

> 하느님의 말씀! 그건 벌겋게 단 쇠일세. 그런데 그 진리를 가르치는 자네는 손으로 덥석 움켜쥐지 않고 화상을 입을까 봐 부젓가락으로 집으려 들 텐가? 나 참 우스워서. 진리를 가르쳐야 할 강단에서 입매를 암탉 부리같이 만들고 약간 들뜨긴 했지만 만족해서 내려오곤 하는 사제는 강론을 한 게 아니고 그저 기껏해

야 잠꼬대를 한 것뿐이야.[4]

하나님의 말씀 앞에 서는 두려움이 있어야 한다는 것입니다. 하나님의 말씀을 붙잡고 뭔가를 하려는 사람은 누구든지 그 말씀 앞에 내가 얼마나 부족한 존재인지 깨달을 수밖에 없습니다.

제가 이번 사경회를 준비하면서 다른 분들은 신학생에게 무슨 이야기를 했는지 찾아보다가, 헬무트 틸리케(Helmut Thielicke)가 눈에 띄었습니다. 틸리케는 뛰어난 설교자이자 신학자로서 『신학을 공부하는 이들에게』[5]라는 책을 쓴 적이 있습니다. 이 책 서두에서 그는 신학생에게 절대로 설교를 맡기면 안 된다고 힘주어 말합니다. 이제 막 신학 공부를 시작해서 한두 자 배웠다고 설교하는 것은 금물이라는 것입니다. 그것을 읽고 제가 혁했습니다. 여러분 중에도 설교하는 분 많지요? '이번 사경회에 가서 설교하지 말라고 해야 하나' 고민하면서 왔습니다. 윤동주 시인이 이런 말을 했습니다. "시가 이렇게 쉽게 쓰여지는 것은 부끄러운 일이다." 사람의 감성을 담아내는 시도 그러한데, 하나님의 뜻을 담아내는 설교가 쉽다는 게 목사로서 얼마나 부끄러운 일인지 모릅니다.

저는 시카고에서 공부와 함께 이민 목회를 했습니다. 이민 목회를 하면 한국에서 손님들이 자주 찾아오는데, 해외에 나와 긴장이 풀려서 그런지 속마음을 편하게 이야기하곤 합니다. 한번은 한국교회에서 선풍을 일으키던 목사님과 개인적인 대화를 한 적이 있습니다. 여러 주제로 대화를 나누던 중에 그분이 자신은 설교를 쉽게 한다고 하셔서 제가 속으로 염려했던 기억이 납니다. 그런데 얼마 못 가서 그분이 비참하게 몰락하고 한국교회에도 큰 해를 끼쳤다는 소식을 들었습니다. 참 안타까운 일입니다.

설교가 쉽다는 것, 신학이 쉽다는 것은 하나님이 만만하다는 말입니다. 하나님 앞에서 모든 그리스도인은 죄인됨의 의식이 있어야 합니다. 하나님 앞에서 모든 사역자는 자신의 부족함을 인식해야 합니다. 말하자면, 제가 사경회 인도를 요청받고서 '주님, 어떻게 감당합니까' 하는 마음이어야 한다는 것입니다. 사경회 강단뿐 아니라 작은 교회나 시골 교회에서 목회하더라도, 유치부 설교를 하더라도, 우리에게 설교는 자신의 부족함을 인식하고 자격 없음을 고백하는 두려움과 떨림의 자리가 되어야 합니다. 설교가 하나님의 뜻을 전하는 일이며, 듣는 영혼들에게 하나님의 말씀을 심는 일임을 알고 겸손히 임해야 합니다. 그런 설교자를 하나님은 기쁘게 사용하십니다.

저는 시카고 대학교에서 박사 과정을 시작하기 전에 예일 대학교 신학부에서 공부했습니다. 당시 예일 대학교에 말로만 듣던 저명한 신학자들이 있었는데, 그중 구약학자인 B. S. 차일즈(Brevard S. Childs) 교수님은 '정경 비평'(canonical criticism)이라는 방법론으로 세계적인 명성을 얻었습니다. 이 교수님은 이미 은퇴했어야 하는데, 은퇴하려고 할 때마다 한 해만 더 가르쳐 달라고 애원하는 학생들을 뿌리치지 못해 매번 연기하다 보니 일흔을 훨씬 넘겨 강의를 계속했습니다. 이때 린더 켁(Leander E. Keck)이라는 교수님의 로마서 강의를 들은 적이 있습니다. 이 교수님도 일흔을 넘긴 데다 사모님이 많이 편찮으셨습니다. 그 강의를 마지막으로 은퇴했는데, 종일 사모님을 간호하고 새벽 1시부터 밤을 꼬박 새워 강의 준비를 하셨습니다. 일흔이 넘은 분이 마지막 강의를 그렇게 준비하는 모습을 보고 정말 놀랐습니다. 그때 제가 마음속으로 '나도 은퇴할 즈음에는 이분들처럼 가장 실력 있는 사람이 되어 있어야겠다'고 다짐했습니다. 우리 교회에서도 이런 말을 듣는 게 소원이라고 자주 말합니다. "박영호 목사 설교 들어 주기 힘들었는데 많이 좋아졌다. 이제 들을 만하니까 은퇴하네." 여러분, 자신의 부족함에 대한 인식은 목회자로 하여금 성장을 갈망하게 만듭니다. 평생 동안 성장하는 목회자가 되기를 주님의 이름으로 축원합니다.

영어로 대학교 1학년을 '프레시맨'(freshman), 2학년은 '소포모어'(sophomore)라고 하지요. 이 말은 헬라어에서 왔습니다. '소포스'(σοφός)는 '지혜롭다'라는 뜻입니다. '모로스'(μωρός)는 '바보'를 뜻합니다. 따라서 '소포모어'는 '똑똑한 바보'입니다. 여러분, 대학교 2학년 때 어떤 마음으로 살았는지 기억나십니까? 고등학교 때까지는 눌려 있다가, 대학에 와서 경험의 폭이 넓어집니다. 들고 다니는 교재들이 다루는 내용도 심오한 것 같고, 교수님들의 현학적인 표현에 노출되면서 자신이 지성적이 되었다고 느낍니다. 게다가 신입생이 들어와 "선배님" 하며 존경의 눈길을 보내니, 내가 세상에서 제일 잘났고 모든 것을 이성적으로 판단할 수 있다는 자신감을 갖게 되는 시기, 자신의 판단을 신뢰할 수 있다는 착각이 중증으로 치닫는 시기가 대학교 2학년입니다. 좀 더 심각한 '소포모어'들이 신대원생 중에도 많습니다. 단기간에 수많은 정보를 접하다 보니 이건 옛날에 들었던 말, 저건 어느 교회 누가 하던 말이라며 이리저리 재단하고 판단합니다.

'Master of Divinity', 신성한 성품에 참여하는 이 여정에 첫걸음 했는데 만족스러우십니까? 제가 살아오면서 찍은 사진들을 쭉 놓고 보면 그중 가장 빛나고 쾌활하고 행복해 보이는, 이때 내가 정말 행복했구나 하는 사진이 바로 1991년 3월 신대원에 입학했을 때 이 교정에서 찍은 사진입니다. 그렇게 어렵다는 신대원 입시에 합격했고, 동기생이 전부 그리스도인입니다. 그냥 그리스도인도 아니고 정말 헌신된 신실한 친구들이 많은 겁니다. 교수님들도 다 훌륭하시고요. "여기가 좋사오니"라는 고백이 절로 나올 때 찍은 사진들을 보면, 나도 잘생긴 것 같고 얼마나 행복해 보이는지 모릅니다. 그런데 2학년, 3학년이 되면서 얼굴에 윤기가 사라지고 수심도 깊어지더라고요. 왜 그럴까요? 신학교에 들어와서 여러분의 믿음이 더 좋아진 것 같습니까, 나빠진 것 같습니까? "마태복음은 마태가 쓴 게 아니래." 이런 말을 들어서 그렇습니까? 무엇보다도 심각한 이유는 신앙이 일이 되었기 때문입니다. 여러분도 그랬겠지만, 저도 평신도 때는 교회에서 살다시피 했습니다. 틈만 나면 교회에 갔고, 교회에 있는 시간이 참 행복했습니다. 그런데 전도사가 되고 나니까 교회에 가면 빨리 집에 가고 싶어요. 수련회나 부흥회가 있으면 평신도 때는 한두 달 전부터 사모하고 기다리곤 했는데, 전도사가 되고 나니 어떻게든 안 갈 궁리만 하고 있습니다. 왜 그럴까요? 예배가

마침내, 교회가 희망이다

일이 되었기 때문입니다. 이전에는 기쁨이었던 예배가 이제 의무가 되어 버렸습니다. 아무것도 안 받고도 열심히 봉사했는데, 이제는 "사례비가 왜 이것밖에 안 되나, 왜 또 오라고 하나" 하고 불평합니다. 사실 이것은 교역자들뿐 아니라 대다수 그리스도인들의 문제입니다. 나아가서 모든 현대인의 문제이기도 합니다.

일과 놀이와 예배

인간의 삶에서 가장 중요한 것 세 가지를 꼽아 보자면, 일과 놀이와 예배입니다. 놀이 안에는 쉼도 포함되지요. 이 세 가지가 잘되어야 사회가 제대로 돌아갑니다. 그런데 현대인은 일을 숭배합니다. 놀이를 일처럼 합니다. 예배를 엔터테인먼트나 놀이처럼 합니다. 일을 숭배한다는 것이 무슨 말입니까? 좋은 직업을 갖고 돈을 잘 버는 것, 사업에 성공하는 것 등이 우리의 궁극적 목표가 되었다는 것입니다. '입시 지옥'이라는 말이 있는데, 좋은 대학에 들어가려고 그토록 애쓰는 것도 좋은 직장이라는 목표를 향해 있습니다. 입시도 커리어도 지옥 같다고 표현하는 경쟁에서 승리해야만 하는 압박으로 다가옵니다. 이길 수만 있다면 영혼이라도 갈아 넣겠다고 합니다. 우리의 가정마저도 취업이나 입시 경쟁에서 성공하기 위한 전초 기지가 되어 버렸습니다. 가정이 일에서의 성공을 위한 도구로 전락하고 만 것입니다. 일이 예배가 된 사회입니다.

요즘 아이들과 함께 밥 먹으러 나가면 기도는 안 해도 사진은 찍어야 합니다. 맛있는 것, 예쁜 것을 찍어서 SNS에 올리고 자랑합니다. 맛있는 음식보다 사진이 잘 나오는 분위기가 더 중요합니다. 휴가를 가서도 그렇습니다. 놀아도 자랑할 만큼 놀아야 합니다. 노는 것으로 나를 보여주어야 하는 것입니다. 그러면서 놀이가 일이 되어 버렸습니다. 예배 역시 많은 사람들에게 나의 만족을 위한 엔터테인먼트가 되었습니다. 듣기 좋은 설교, 아름다운 음악, 힐링(healing)의 경험 등을 예배로 생각합니다. 요즘 교회가 어렵다, 제도 교회가 쇠퇴한다고들 하는데, 이는 사회의 다른 부분은 모두 문제없이 잘 돌아가는데 교회만 힘들다는 뜻이 아닙니다. 교회가 중심에 있고 복음이 만인을 위한 기쁜 소식이라면, 복음이 어그러질 때 사회 전체가 어렵게 되어 있습니다. 현대인은 일을 숭배하고, 놀이를 일처럼 하며, 예배를 놀이처럼 한다고 했습니다. 말하자면, 'out of order' 상태입니다. 이 말은 '고장나다', '질서가 어그러지다'라는 뜻이지요. 예배도 있고, 놀이도 있고, 일도 있습니다. 그런데 전부 뒤섞여서 자기 위치를 이탈해 있는 것입니다.

오늘 본문에는 개구리 재앙이 나옵니다. 개구리 자체는 재앙이 아닙니다. 선하신 하나님의 창조 세계의 일부입니다. 개구리가 언제 재앙이 됩니까? 개구리가 식탁 위에도 올라가고, 침대 위에도 올라가고, 컴퓨터 위에도 올라가면 그게 재앙이 되는 것입니다. 'out of order'입니다. 성공을 바라는 마음, 커리어를 쌓기 위한 열심과 열망은 죄가 아닙니다. 문제는 그런 열망과 욕망이 너무 높아져 있다는 것입니다. 하나님보다 더 높이 가 있습니

마침내, 교회가 희망이다

다. 하나님을 도구로 삼아서라도 자기 목적을 달성하려고 합니다. 그게 바로 개구리 재앙입니다. 개구리가 하나님의 자리에 있는 것입니다. 일은 소중합니다. 인간은 일을 통해 자아를 실현하고 하나님께 영광을 돌립니다. 그러나 교역자들에게는 예배가 일입니다. 예배가 내 영광을 위한 수단이 될 수 있습니다. 사역의 성공이 우상이 될 수 있습니다. 이러한 인간의 근본 문제를 로마서 1:25은 다음과 같이 지적합니다.

> 이는 그들이 하나님의 진리를 거짓 것으로 바꾸어 피조물을 조물주보다 더 경배하고 섬김이라. 주는 곧 영원히 찬송할 이시로다. 아멘.

피조물을 창조주보다 더 경배하고 섬기는 데서 모든 문제가 출발한다는 것이 로마서의 진단입니다. 그래서 로마서는 예배 회복의 텍스트로 읽어야 합니다. 인간의 근본 문제는 예배의 문제입니다. 폴 틸리히는 인간의 실존적 상황을 '소외'로 특징짓습니다. 가장 먼저는 존재의 근원(the ground of being), 곧 하나님으로부터의 소외입니다. 그리고 이웃으로부터의 소외와 자신으로부터의 소외가 있습니다. 이것이 죄의 결과입니다.[6] 사도 바울은 사람들이 "마음에 하나님 두기를 싫어했다"(롬 1:28)고 말합니다. 탕자가 "아버지, 내 인생에서 나가 주세요" 하는 것입니다. 그래서 어떻게 되었습니까? 아버지를 밀어내려다가 자기가 밀려나고, 내가 내 인생의 주인이 아닌 상태가 되어 버렸습니다. 그것이 타락입니다. 자유롭고 싶었는데 자유롭게 된 것이 아니라 오히려 훨씬 더 심각한 노예가 되었습니다. 인간은 창조주 하나님을 섬기고 모든 피조물을 다스리는 존재였는데, "하나님, 나가 주세요" 하면서 피조물들의 노예, 곧 피조물들을 예배하듯이 섬기는 존재로 전락하고 말았다는 것입니다.

우리는 물질의 노예이자 탐욕의 노예로, 또 그 물질을 차지하기 위한 경쟁의 노예로 살아갑니다. 해방이 필요합니다. 해방이 무엇일까요? "여호와께서 모세에게 이르시되 너는 바로에게로 가서 그에게 이르기를 '여호와의 말씀에 내 백성을 보내라. 그들이 나를 섬길 것이니라' [하셨다 하라]"(출 8:1). 영어 새개정표준역(NRSV)은 이렇습니다. "Let my people go, so that they may serve me." 여기서 "serve"는 예배를 말하지요. "Let my people go"는 곧 해방입니다. 즉, 진정한 해방의 완성은 하나님을 섬길 때, 하나님을 참으로 예배하는 백성이 될 때 이루어진다는 말입니다. 이집트의 족쇄에서 풀려난다고 해방이 아니라, 하나님을 마음 깊이 섬기는 백성이 될 때 참된 해방이 가능하다는 것입니다.

하나님을 섬긴다는 것은

하나님을 섬긴다는 것에는 여러 가지 의미가 있습니다. 먼저, 출애굽기의 맥락에서는 바로를 섬기지 않는 것입니다. "바로가 신이다. 모든 좋은 것이 바로에게서 나온다." 아니지요. 예수 그리스도에게서 신약 시대가 시작할 때도 그랬습니다. "로마 황제가 신이다. 황제를 통해 우리의 평화가 가능하다." 이 지배 이데올로기를 거부할 수 있는 것이 해방입니다. 바로의 시스템, 바로를 신격화하는 사회의 핵심에 종교가 있었습니다. 저는 식탁 위에 개구리가 올라간다는 것이 권력에 대한 패러디일 수 있다고 봅니다. "개구리가 왜 여기 올라와? 바로, 네가 왜 하나님의 자리에 앉아 있어?" 그것이 재앙입니다. 왕이 재앙이 아니라, 왕이 하나님의 자리에 앉는 것이 재앙입니다(참조. 행 12:20-24).

두 번째로, 하나님을 섬긴다는 것은 돈을 섬기지 않는 것입니다. 사람이 맘몬과 하나님을 동시에 섬길 수 없다고 예수께서 분명히 말씀하셨습니다(마 6:24). 하나님보다 돈이 위라면 우리는 대단히 잘못하고 있는 것입니다.

세 번째로, 하나님을 섬긴다는 것은 제도를 섬기지 않는 것입니다. 이집트의 피라미드로 상징되는 제도 말입니다. 그 제도를 유지하고 강화하고 그것에 충성하는 것은 신앙이 아닙니다. 교회라는 제도 역시 예외가 아닙니다. 제도 교회를 강화하고 존속시키는 것, 부흥시키고 성장시키는 것이 과연 우리의 사명인가? 심각한 질문입니다. 출애굽기를 보면, 시내 산에서 하나님이 모세에게 성막 건립을 명령하실 때 성막의 재료, 규격, 색상 등에 대해 아주 세세하게 말씀하십니다. 그 부분을 읽다 보면 무척 지겹지요. 하나님은 별것을 다 신경 쓰신다는 생각이 들기도 합니다. 그런데 모세가 백성들을 재판하고 다스리는 업무가 과중해 감당할 수 없는 지경에 이른 적이 있습니다(출 18:13-27). 그때 하나님은 모세의 장인 이방인 이드로를 보내 천부장과 백부장을 세우도록 조언하게 하십니다(신명기에서는 이 내용이 첫 장에 나옵니다. 제도적인 관점에서 보면 매우 중요한 문제로 인식되었다는 점을 알 수 있습니다). 한 번 생각해 봅시다. 하나님은 왜 천부장과 백부장을 세우라는 명령을, 시내 산에 백성들이 모였을 때 미리 하지 않으셨을까요? 어째서 그냥 내버려두시다가 문제가 생기니까 그제서야, 그것도 하나님 자신이 아니라 이방인의 입술을 통해 그 명령을 전하셨을까요? 성막에 대해서는 그토록 세세하게 말씀하신 하나님이 이 문제는 왜 그러셨을까요?

여러분, 하늘에서 신의 음성이 들린다거나 시내 산에 거룩한 계시가 임해서 천부장과 백부장을 세웠다면 어떻게 될까요? 그러면 그 임명된 사람들이 "나는 하늘이 내린 사람이야. 이 제도는 하나님이 정하신 거야"라고 주장할 근거가 됩니다. 신화화되는 것이지요. 그 자체가 중심이 됩니다. 사실 제도라는 것은 바꿀 수 있는 것입니다. 필요 없으면 해체하고 바꿔야 합니다. 제도 자체가 신앙의 대상이 되면 위험해집니다. 구약성경을 보면 모세는 이상하게도 칭호가 없습니다. 모세는 왕도 아니고 제사장도 아닙니다. 나중에 "하나님의 종"(대상 6:49)으로 불리지만 칭호라고 보기는 힘듭니다. 모세에게 도전하는 이들이 그를 비방하며 했던 유일한 말이 이렇습니다. "여호와께서 모세와만 말씀하셨느냐"(민 12:2). 무슨 말입니까? "모세는 우리 지도자야." "모세는 신학교 나왔어, 목사 안수 받았어." 이러한 권위의 근거가 없다는 말입니다. 형식적 권위를 주장할 토대가 없다는 것입니다. 모세에게 있는 내용적 권위, 그것은 오로지 하나님과의 친밀한 관계에서 나왔습니다. 그 외에는 도전할 것이 없습니다. 모세에게는 하나님과의 관계가 전부입니다.

마찬가지로 아브라함의 인생도 살펴보면 결국 유일하게 남는 것은, 그가 "하나님의 벗"(사 41:8, 약 2:23)이었다는 말입니다. 한국교회는 제도의 무게가 너무 커져 있습니다. 미국의 교회에만 가도 총회장은 'moderator'(사회자)라고 합니다. 총회장이 너무 큰 권위를 갖는 것은 성경의 진리에 어긋납니다. 교회 제도의 확립 초기에는 필요한 면이 있었습니다. 제도를 잘 정비하고 보호하려는 노력은 필요합니다. 하지만 제도는 그 스스로를 강화하는 경향이 있습니다. 중세의 교회 제도는 너무 강해져서 그 자체가 신앙의 대상이기를 요구하고, 급기야 교황이 '적그리스도'라는 비판을 받는 지경에 이르렀습니다.

"개혁교회는 끊임없이 개혁되어야 한다"(Ecclesia reformata, semper reformanda est)라는 슬로건은 끊임없는 '제도의 비신화화'가 필요하다는 말입니다. 모든 제도를 상대화하고 비신화하는 것입니다. 예수께서 말씀하셨습니다. "안식일이 사람을 위하여 있는 것이요 사람이 안식일을 위하여 있는 것이 아니니"(막 2:27). 안식일은 소중한 계명이지만, 그것이 제도 자체를 위한 것이 될 때는 비신화화하고 상대화해야 합니다.

저의 박사학위 논문의 제목은 "Paul's Ekklesia as a Civic Assembly"입니다. 주요 논지 가운데 하나는 바울이 세운 교회들의 사회적 형태(social formation of the Pauline churches)가 지역적으로 다양했다는 것입니다. 바울의 교회들의 리더십 구조와 조직 형태를

두고 많은 논의들이 있었는데, 모든 논의가 그 교회들이 같은 구조를 가졌을 것이라는 전제하에 이루어졌습니다. 당시 사회적 형태에 대한 자료는 주로 고린도 교회에서 찾을 수 있는데, 따라서 고린도 교회를 분석하고 그 결론을 다른 교회들에도 그대로 적용하는 경향이 있었습니다. 저는 논문에서 고린도 교회와 마케도니아 교회들이 기본적으로 다른 모델을 가졌을 것이라고 주장했습니다. 바울이 자신이 개척한 교회들에 이식하기 위해 교회 조직에 대한 어떤 답안을 미리 갖고 있었던 것은 아닙니다. 바울은 그리스도를 전함으로써 사람들을 새로운 삶으로 초청했으며, 그 새로운 삶을 담아내는 모임의 구체적인 형태는 각 지역 공동체의 경험과 상황에 따라 발전해 갔다는 것입니다.[7] 물론 교회 조직은 신앙의 원리와는 아무 상관없는 '아디아포라'(adiaphora)가 아닙니다. 교회의 발전 과정에 따라 건강하지 못한 문화와 제도가 드러나기도 했습니다. 그것을 교정하는 것이 바울 서신의 주목적 중 하나이며, 고린도전서에서 그 예를 잘 볼 수 있습니다.

요점은 성경 안에 다양한 정치 제도가 있으며, 어떤 제도가 선험적으로 주어진 것이 아니라 상황에 맞게 형성되어 갔다는 것입니다. 따라서 우리는 교회의 제도나 실천을 끊임없이 복음의 빛에 비추어 보며 성찰해야 합니다. 많은 신학적 에너지가 자기 교단의 제도가 성경적이라는 주장을 펼치는 데 사용되곤 하지만, 유일하게 성경적인 제도는 없습니다. 회중정치와 대의정치, 감독정치가 다 조금씩 성경적이고 또 비성경적입니다.

자기 교단의 전통을 소중히 여기고 발전시켜 가는 것은 필요하지만, 그 자부심이 지나쳐서 다른 교단들을 폄하하는 쪽으로 가면 안 됩니다. 각 교단이 열린 마음으로 서로의 장(場)을 배울 필요가 있습니다. 저는 '장로회신학대학교'를 제 모교로서 사랑하고 우리나라에서 중요하고 모범적인 신학교로 자랑스러워하지만, 학교 이름에 대단한 애착을 가지고 있지는 않습니다. '장로회'라는 정치체제 자체가 우리 헌신의 대상이 되어서는 안 된다는 말입니다.

우리가 장로'교'라고 하지 않고 예수교장로'회'라고 부르는 데는 중요한 역사가 있습니다.

> 한국에 하나의 개신교회를 조직하자는 논의는 1902년부터 시작되었고, 1904년 예수교회라는 명칭을 결정하고 이 이름 아래 각 교단의 명칭을 예수교장로회, 예수교감리회로 사용하기로 했다. 1905년, 장·감 두 교단은 선교 사업에 협력하여 마침내 한국에서 단 하나의 개신교회를 조직하는 것을 목적으로 재한개신교선교통합공의회를 조직했다. 하지만 미국 남장로교회와 일부 선교사들은 교리적인 이유로 장·감 연합을 우려했다. 1911년, 제7차 개신교선교통합공의회는 개신교선교연합공의회로 재조직되었다. 이는 교파 일치를 포기하고 다양한 연합 활동을 추진해 초교파적 에큐메니컬 운동의 효시가 되었다.[8]

여기서 우리는 하나의 예수교를 지향하는 신앙 선배들의 결의를 볼 수 있으며, 또 헌신의 대상에서 선교사들과의 차이를 확인할 수 있습니다. 미국의 문화적 토양에서 형성된 교파의 차이가 한국인들에게는 그렇게 중요한 문제가 아니었습니다. 우리나라에 '장로교'는 없습니다. '장로회'가 있을 뿐입니다. 이것은 한국교회의 빛나는 전통입니다. 여러분, 학교를 사랑하되 그 이름까지 지나치게 사랑하지 마십시오. 장로회 정치체제는 중요하고 자랑스러운 전통이지만, 우리의 더 큰 헌신은 예수의 복음과 교회의 하나됨을 향해야 합니다. 모든 제도를 상대화하고 비신화화하는 복음의 능력에 대한 확신과 통찰이 이를 가능하게 할 것입니다. 이런 지혜는 다른 건전한 교단들과의 대화와 협력을 가능하게 할 뿐 아니라, 앞으로 변화하는 사회적 상황에 맞게 장로회 제도를 변용해 갈 수 있는 해석학적 여유를 허용할 것입니다.

우상숭배, 탐욕의 노예

여러분, 우리는 제도를 섬기지 않습니다. 자신의 비전도 섬기지 않습니다. 비전은 소중하지요. 비전에 강력한 동기 부여의 힘이 있는 것은 사실입니다. 그러나 한국교회에서는 비전이라는 말이 지나치게 남용되어 왔습니다. 누가 그런 연구를 해보면 좋겠습니다. 비전이라는 말을 유난히 많이 쓰던 사람들을 조사해서 그들의 행적을 추적해 보면, 한국교회를 어렵게 만든 경우가 많을 것입니다. 비전은 중요한 성경적 가치이지만 자신의 야망이나 탐욕을 가리고 포장하기에 좋은 수단이기도 합니다. 목회를 하다 보면, 목회를 시작할 때 내가 가졌던 이상과 현장에서 부딪히는 현실은 다를 수밖에 없음을 깨닫습니다. 어쩌면 목회는 나의 비전이 깨지는 과정이라고 할 수 있습니다. 그 자리에 현실과의 타협이 아니라 하나님의 말씀에 대한 철저한 순종이 자리 잡는다면, 나의 비전이 깨지고 또 깨지면서 하나님의 비전이 만들어져 갈 수 있습니다.

그레고리 빌(Gregory K. Beale)이 『예배자인가, 우상숭배자인가?』라는 책을 썼습니다. 논지는 간단합니다. "우상숭배자에게 내리는 가장 큰 벌은 우상처럼 되는 것이다." 우리는 우리가 예배하는 대상을 닮는다는 것입니다. 하나님께서 이사야를 부르시고 이런 말씀을 하셨습니다(사 6:9-10).

이 백성에게 이르기를 너희가 듣기는 들어도 깨닫지 못할 것이요 보기는 보아도 알지 못하리라 하여 이 백성의 마음을 둔하게 하며 그들의 귀가 막히고 그들의 눈이 감기게 하라. 염려하건대 그들이 눈으로 보고 귀로 듣고 마음으로 깨닫고 다시 돌아와 고침을 받을까 하노라.

이해하기 쉽지 않지만, "가서 말하라. 그러나 알아듣지 못할 것이다. 들어도 깨닫지 못할 것이다"라는 이 말씀 자체가 매우 중요한 메시지라는 것을 알 수 있습니다. 여기에 무슨 의미가 있을까요? 시편 115:4-7을 보겠습니다.

그들의 우상들은 은과 금이요 사람이 손으로 만든 것이라. 입이 있어도 말하지 못하며 눈이 있어도 보지 못하며 귀가 있어도 듣지 못하며 코가 있어도 냄새 맡지 못하며 손이 있어도 만지지 못하며 발이 있어도 걷지 못하며.

무슨 말씀인지 이해하겠지요? 빌이 말하려는 것은, 우상을 섬기는 사람은 들어도 깨닫지 못하고 보아도 알지 못하는 그 우상 같은 존재가 되고 만다는 것입니다. 우상을 예배하는 사람이 받는 가장 큰 벌은 그가 우상처럼 되는 것입니다. 탐욕을 예배하면 탐욕스러운 사람이 됩니다. 권력을 숭배하면 폭압적인 사람이 됩니다. 쾌락을 예배하면 음란한 사람이 됩니다. 반면에 하나님을 예배하는 사람의 가장 큰 복은 하나님처럼 되어 가는 것입니다. 그게 바로 "신성한 성품에 참여하는" 것입니다.

저는 모든 신학생이 이 길에 부르심을 입었다고 믿습니다. 하나님의 형상, 창조 때 우리가 부여받았지만 잃어버린 그 아름다움으로 되돌아가는 것입니다. 그 형상으로 우리가 형성(formation)되어 가는 것이 예배입니다. 출애굽기 20장의 십계명 제1계명은 예배에 대한 내용입니다. "너는 나 외에는 다른 신들을 네게 두지 말라." 제10계명은 무엇입니까? "탐내지 말라." 탐욕에 대해 말합니다. 이 계명을 보면, 십계명이 실정법이 아니라는 것을 알 수 있습니다. 실정법이라면 탐내지 말라는 게 말이 안 됩니다. 세상에 어떤 나라의 법이 마음속에 있는 탐욕을 규제합니까? 예를 들어, '마스크 착용 규정'은 위반 여부를 직접 눈으로 볼 수 있습니다. 그러나 어떤 마음을 품지 말라고 할 수는 없습니다. 신학교

마침내, 교회가 희망이다

에서 채플에 참석하라고 하지, 채플 시간에 딴생각하지 말라고 하지 않습니다. 그것이 실정법입니다.

예수께서는 우리가 탐심을 갖거나 마음에 음욕을 품기만 해도 멸망할 것이라고 말씀하셨습니다(마 5:28). 그래서 구약은 행동을 규제하는데, 예수께서는 마음 상태까지 규제하신다고 하면 잘못 이해한 것입니다. 십계명도 초점은 마음의 경향에 두고 있습니다. 바울은 골로새서에서 "탐심은 우상숭배니라"고 말합니다(골 3:5). 이 말씀도 신약에서 갑자기 튀어나온 우상숭배에 대한 새로운 해석이 아닙니다. 십계명 제1계명은 우상숭배를, 마지막 계명은 탐심을 말합니다. 따라서 탐심이 곧 우상숭배라는 말은 십계명 전체의 요약 혹은 핵심 정리로 볼 수 있습니다.

실정법이란 것은 현재를 놓고 "하라" 또는 "하지 말라"고 행동을 규제합니다. 실제적으로는 과거에 저지른 어떤 일을 놓고 잘못에 따라 처벌합니다. 십계명은 그렇지 않습니다. 예수의 말씀도 그렇지 않습니다. 여기에는 우리의 미래를 놓고서 "너희가 하나님만 예배하는 백성, 탐욕으로부터 해방된 진정한 자유인이 되면 좋겠다"라는 소망이 담겨 있습니다. 즉, 하나님의 백성을 창조하고 하나님의 백성답게 빚어 가기 위한 계명입니다. 그것을 하나님이 우리를 빚어 가시는 원리 또는 '형성의 원리'(formative principles)라고 말할 수 있습니다. 우리 마음의 경향을 우상이나 성공이 아닌 하나님을 예배하는 경향으로 만들어 가는 것입니다. 바울은 하나님의 계명에 관해 "오직 살아 계신 하나님의 영으로 쓴 것이며 또 돌판에 쓴 것이 아니요 오직 육의 마음판에 쓴 것이라"(고후 3:3)고 말합니다. 구약의 말씀도 신약의 말씀도 우리 마음판에 새겨야 하는, 마음의 경향을 바꾸기 위한 말씀이라는 것입니다.

오늘 설교 제목을 "예배가 구원이다"라고 했습니다. 여러분, 구원이 무엇입니까? 바로의 압제와 강제 노역에서, 그 사슬에서 풀어 주는 것이 먼저 떠오를 것입니다. 그러나 그것이 전부는 아닙니다. 인간은 외적 억압이 없어진 후에도 여전히 노예로 살아갑니다. 욕망과 성공과 열등감의 노예로 살아갑니다. 진정한 해방은 억압의 사슬에서 풀려나는 것만 아니라, 참 자유인으로 살아갈 때 현실이 되는 것입니다. 우리를 노예로 삼는 가장 심각한 것으로, 첫 번째가 우상숭배이고, 그다음이 탐심입니다. 하나님의 백성다운 백성, 오직 하나님을 예배하는 백성, 예배하는 대로 사는 백성을 창조하고자 하는 소망이 십계명에 담겨 있습니다. "내 백성을 가게 하라. 그들이 나를 섬길 것이니라"는 하나님의 비전을 구체적으로 실현할 방법이 십계명을 중심으로 하는 율법에 담겨 있습니다.

하나님은 영웅을 필요로 하지 않으신다

「라이온 킹」은 디즈니 애니메이션을 대표하는 명작으로, 탄탄한 플롯을 가진 서사 구조의 모범이라고 할 수 있습니다. 무력감과 죄책감, 열등감에 시달리는 한 인간이 자기 정체성을 발견하고 자아를 실현함으로써 세상을 구할 영웅이 되어 가는 플롯을 전형적으로 보여줍니다. 「뮬란」, 「쿵푸 팬더」도 동일한 구조를 갖고 있습니다. 모세의 일대기를 다룬 「이집트 왕자」도 성경의 이야기를 그대로 가져왔는데 플롯이 거의 비슷합니다. 「라이온 킹」에서 주인공 심바의 생의 결정적인 순간, 우리 식으로 바꿔 말하면 '회심' 또는 자기 정체성을 발견하는 장면을 기억하십니까? 하늘에서 아버지 무파사가 나타나 심바의 회심을 이끌어냅니다. 이러한 장면은 「뮬란」에서도 주인공이 조상들을 만나는 대목에서 볼 수 있습니다. 「이집트 왕자」에서도 주인공이 자신을 발견하는 장면이 비슷한 분위기로 나옵니다.

로마 역사에서 가장 위대한 영웅을 꼽으라면, 스키피오 아이밀리아누스(Scipio Aemilianus)를 빼놓을 수 없을 것입니다. 한니발이 지휘하는 카르타고 군에 의해 로마가 위기에 빠졌을 때, 아프리카까지 가서 한니발의 군대를 격파하고 전쟁을 승리로 이끈 국가적 영웅입니다. 키케로가 쓴 『국가론』(플라톤의 『국가론』의 로마 버전이라고 할 수 있습니다)을 보면, 이 국민 영웅 스키피오가 고인이 된 자신의 할아버지와 아버지가 하늘의 별들 가운데 나타나는 꿈을 꿉니다. 그 유명한 '스키피오의 꿈'입니다. 로마인들에게 가장 중요했던 이야기이지요. 여기서 아버지 파울루스가 이런 말을 합니다.[10]

조국을 보존하고 이바지하고 확장시킨 모든 자들에게는 행복한 상태에서 영생을 누릴 장소가 하늘에 분명히 정해져 있다. 모든 세상을 지배하는 저 제일신에게 위원회와 민회와 나라라고 불리는 인간의 법적인 연합 상태보다 땅에서 인정받는 것은 아무 것도 없기 때문이다.

이것이 바로 로마의 국가 이데올로기입니다. 즉, 최고의 충성을 받을 만한 대상이 국가이고, 인간이 할 수 있는 일 중에 국가를 향한 헌신만큼 고귀한 일은 없으며, 그 헌신은 사후에 보상받게 된다는 것입니다. 이 이야기는 로마가 전쟁에 나선 이들을 축복하고 경축하면서 엄청난 권력과 재물과 영광을 주었음에도, 그것만으로는 동기 부여가 부족했다는 것을 보여줍니다. 재물이든 권력이든 황제 자리든 무엇이든 간에, 인간이 지상에서 얻을 수 있는 것만으로는 진정한 동기 부여가 되지 않았다는 사실은 인간 의식의 종교적 차원을 시사합니다. 다른 무언가, 곧 하늘의 종교가 필요하다는 것입니다.

인간의 종교성이라는 문제, 곧 인간의 삶이 땅의 것만으로는 이루어질 수 없다는 통찰은 상당히 중요합니다. 우리나라에서 정치인들이 대통령이 되거나 정당 대표가 되면 곧바로 국립현충원을 방문해 순국선열에게 참배합니다. 바쁜 일정에도 그곳에는 왜 갈까요? 자신이 국가를 위해 목숨까지도 바치겠다는 다짐을 보여주고 싶은데, 이 땅의 가치, 이 땅에 존재하는 것들로는 설득되지 않는 부분이 있다는 것입니다. 그 너머에 무언가 있어야 한다는 요청이 인간 마음에 있습니다.

따라서 스키피오의 꿈과 「라이온 킹」의 하늘의 환상을 나란히 놓고 볼 수 있습니다. 앞에서 말했듯이 스키피오의 꿈은 로마

공화정 시대의 국가 이데올로기를 보여줍니다. 그러나 로마가 제국 시대에 들어가면서 이 이데올로기는 현저히 약화되었습니다. 매우 유명한 세계사적 사건이지요. 폼페이우스에 의해 장악된 로마로 쳐들어가기 위해 율리우스 카이사르가 그의 부하들과 함께 루비콘 강을 건넙니다. 그때 그 부하들은 무슨 생각을 하고 있었을까요? 로마에 가면 죽임당하거나 반역자 신세가 될 수도 있을 텐데 말입니다. 그 엄청난 결정을 할 때 그들의 충성 대상은 무엇이었을까요? 그것은 국가가 아니라, 율리우스 카이사르라는 장군 개인이었습니다. 그가 성공했을 때 나에게 돌아올 혜택을 계산해서였든, 아니면 그가 너무 존경스러워서였든 간에, 이 시점에 키케로가 스키피오의 꿈을 통해 주장한 국가를 위한 헌신은 무너졌다고 볼 수 있습니다. 따라서 이후 로마의 역사는 황제에 대한 충성 또는 황제 후보인 장군 개인에 대한 충성의 역사로 이어집니다.

「라이온 킹」은 이야기의 결말에 도달하면 모든 문제가 해소됩니다. 주인공 심바가 아버지의 원수 스카를 물리쳐 왕이 되고 자기 아들을 높이 들어 올림으로써 다음 왕이 될 것을 보여줍니다. 이제 훌륭한 사자가 왕이 되었으니 더 이상 걱정할 필요가 없고, 모든 일이 잘될 것이라는 인상을 주는 해피엔딩입니다. 이런 점이 로마의 국가 이데올로기와 비슷합니다. 베르길리우스의 『아이네이아스』를 보면, 오랜 역사의 해피엔딩은 결국 아우구스투스 황제, 곧 '팍스 로마나'의 탄생을 말합니다. 율리우스 가문의 황제들이 제국의 통치를 이어 간다면 평화와 번영은 영원하리라는 인상을 주는 것이지요.

이 지점에서 「이집트 왕자」를 떠올려 볼 필요가 있습니다. 「이집트 왕자」는 플롯의 구조가 「라이온 킹」, 「뮬란」 등과 닮아 있지만 결론이 다릅니다. 고뇌하는 모세의 어두운 모습을 보여 주며 끝납니다. 물론 그 고뇌에는 여러 가지 다른 이유가 있을 수 있겠지만, 저는 이 점이 해피엔딩으로 막을 내릴 수 없는 성경 내러티브의 특성과 상응한다고 생각합니다. 본래 출애굽기는 해피엔딩이 아닙니다. 신명기가 전하는 모세의 생애도 마찬가지입니다. 모세가 가나안으로 들어가지 못하고 무대에서 사라집니다. 해피엔딩일 수 없는 이유는 그 최종 목적이 이집트의 압제를 벗어나는 것이 아니라 하나님의 백성을 창조하는 것이기 때문입니다. 그것이 진정한 구원이기 때문입니다. 그러나 약속의 땅에 들어간 백성들 역시 해방된 삶을 살지 못하고 계속 부침을 거듭하다가 결국 바벨론에 포로로 잡혀갑니다. 바벨론 포로기를 배경으로 하는 에스겔 37장을 보면, 골짜기에 가득한 마른 뼈들이 살아나서 위풍당당한 군대를 이루는 환상이 묘사됩니다. 여러분, 이것이 바로 하나님의 비전입니다. 하나님의 백성다운 백성의 출현을 기대하는 것입니다. 이 에스겔의 환상에는 하나님을 섬기는 당당한 백성의 창조라는 출애굽의 목적이 마침내 이루어질 때가 되었다는 비전이 담겨 있습니다.

하지만 그 기대는 구약에서 끝내 이루어지지 않습니다. 포로지에서 돌아왔지만, 이스라엘은 여전히 나약한 모습이었습니다. 신약 시대에 들어와서 그 기대가 마침내 성취됩니다. 오순절 성령강림 이후, 무시무시한 핍박에 조금도 굴하지 않고 당당하게 믿음을 따라 사는 신실한 백성이 등장한 것입니다. 「라이온 킹」이나 『아이네이아스』 같은 이야기는 위대한 왕이 등장한다는 결말은 좋은데, 그다음은 어떻게 되겠습니까? 만약 심바의 아들이 타락하면 어떻게 될까요? 미궁에 빠질 수밖에 없습니다. 그렇지 않은 경우라도, 이를테면 "심바는 하늘이 내리신 위대한 왕이야"라고 신화화하는 순간, 그에 반대하는 목소리는 전부 악으로 치부될 수밖에 없습니다. 그것이 바로 독재입니다. 태어나면서부터 선한 사람이 있습니까? 타락하지 않는 권력이 있습니까? 다행히 심바와 그 아들 세대가 황금기를 누린다 해도 그것 역시 문제입니다. 그러면 역사가 퇴행적이 됩니다. "과거에는 이랬는데, 그때가 좋았는데." 지금 한국교회가 앓고 있는 가장 큰 병입니다. "사람들이 교회로 미어터지게 몰려와서 성장할 때가 좋았는데" 하는 것 말입니다.

여러분, 회복은 회귀가 아닙니다. 여러분이 꿈꿔야 할 교회는 과거에 급속도로 부흥하고 대형 교회가 곳곳에 생기던 그 모습이 아닙니다. 그때로 돌아가자고 하면 우리는 망합니다. 하나님께서 우리 가운데 행하실 새로운 일을 그려 보고 기대할 수 있는 상상력이 필요합니다. 성경은 손쉬운 해피엔딩을 허용하지 않습니다. 행복한 결말이 옛날이야기가 되면 역사를 퇴행적으로 만듭니다. 또한 평범한 사람들을 수동적으로 만들어 버립니다. 하나님 나라는 미래로부터 다가오는 나라입니다. 위대한 왕, 스타 설교자나 목사에게 하나님 나라의 미래가 달려 있지 않습니다.

"나도 그들 중 하나가 되어야겠다." 여러분, 이런 것이 우리의 비전이 되어서는 안 됩니다.

성경은 평범한 사람들이 깨어나서 역사의 주체가 되는 이야기입니다. 오순절 성령강림은 설교자가 아니라 청중을 창조한 사건입니다. 그런데 우리는 아직도 능력 있는 목회자가 되어 감동적인 설교로 세상을 뒤집어 놓는 꿈을 꾸곤 합니다. 신학 교육의 장에서는 그럴 수 있습니다. 하지만 성경을 보면 하나님 나라는 그렇게 임하지 않습니다. 구약 시대에도 '스피커'(speaker)는 많았습니다. 좋은 설교자가 늘 있었습니다. 예레미야도 이사야도 훌륭했습니다. 아모스의 설교는 불을 토하는 듯했습니다. 엘리야도 얼마나 강력했습니까? 그러나 백성들은 듣지 않았습니다. 여러분, 스피커의 탄생을 기대하지 마십시오. 위대한 설교자나 대단한 인물이 필요하지 않습니다. 성령이 임하실 때 일어나는 일은 평범한 청중이 바뀌는 것입니다. 노인들이 꿈을 꾸고, 청년들이 이상을 보고, 평범한 아이들이 성령의 사람이 되어 하나님만 바라보고 당당한 하나님의 백성으로 자라나는 것이 진정한 오순절의 역사입니다. 목회자들은 늘 앞에 서는 사람이고 대중의 관심을 받기 때문에 빠지기 쉬운 유혹이 있습니다. 자기중심성입니다. 내가 유능한 설교자가 되고, 내가 능력 있는 목회자가 되고, 내가 관심의 초점이 되려고 합니다. 여러분, 그게 아닙니다.

말하는 것이나 설교하는 것이나 다 중요하지만, 신학교에서 여러분이 정말 해야 할 것은 듣는 훈련입니다. 내가 먼저 좋은 청중이 되는 것입니다. 아모스가 이렇게 말했습니다. "사자가 부르짖은즉 누가 두려워하지 아니하겠느냐. 주 여호와께서 말씀하신즉 누가 예언하지 아니하겠느냐"(암 3:8). 아모스처럼 평범한 사람도 주 여호와께서 말씀하시면 말하지 않을 도리가 없습니다. 사자가 부르짖는 소리를 들으면, 그것을 전달만 해도 사자후가 됩니다. 여러분, 좋은 스피커가 되기 전에 하나님의 말씀을 듣는 사람, 예배하는 사람이 되기를 주님의 이름으로 축원합니다. 높은 단에서 설교하는 목회자들은 자신이 높은 사람이 되었다는 착각에 빠지기 쉽습니다. 그러면 은연중에 청중을 무시하는 태도가 드러납니다. 내가 겸손히 듣는 청중이 되어야, 나의 설교를 듣는 청중을 존중할 수 있습니다.

제 인생을 돌아보면 여러 중요한 결정을 했었는데, 그중에 가장 잘했다 생각하는 결정이 있습니다. 신대원에 입학해서 친한 동기들과 어울려 다니다 보니 예배 시간에 나도 모르게 저 뒤에 앉아 있는 것입니다. 한 달쯤 지나서 예배 시간에 앞에 앉아야겠다고 결심했습니다. 이후로 신대원에 다니는 동안 어김없이 맨 앞에 앉아 예배드렸습니다. 지금 생각해도 참 잘한 결정입니다. 목사가 되면 예배하기 힘듭니다. 교회에 예배자로 가기보다 설교자 또는 관리자로 가게 됩니다.

저는 코스타(KOSTA)에 자주 갑니다. 거기에 가서 늘 은혜받는 것은, 한국교회를 대표할 만한 유명한 목회자들이 앞자리에 앉아서 한참 후배들의 설교를 "아멘, 아멘" 하고 들으시는 모습입니다. 저는 좋은 신학교란 교수들이 좋은 청중이자 신실한 예배자의 모범을 보여주는 곳이라고 믿습니다. "우리는 다 알아. 너희들이나 가서 잘 들어." 그게 아닙니다. 제가 신대원에 다닐 때도 어느 목사님이 채플에서 설교하고 가시면, 그날 수업 시간에 교수님이 "나는 그렇게 생각 안 해요. 그분은 틀렸어요. 이런저런 점에서……" 하시던 기억이 납니다. 신학교니까 가능하고 때로는 필요한 일입니다. 그러나 저는 신학교 교수들의 최우선 사명이 듣는 사람이자 신실한 예배자 되는 것, 선포되는 말씀을 겸손히 듣고 자신의 삶에서 열매 맺는 것이라고 믿습니다. 이러한 간증이 수업 시간에 있어도 좋겠습니다. "여러분, 그때 어느 목사님이 오셔서 이런 설교를 하셨잖아요. 그 이후로 제가 이렇게 바뀌었습니다." 좋은 설교자도 중요하지만, 여러분이 먼저 좋은 청중이 되고, 하나님의 말씀에 귀 기울이는 사람이 되기를 축원합니다.

하나님이 나를 독점하신다면

제가 이민 목회를 하던 시카고에 가면 무디 신학교와 무디 교회가 있습니다. 무디의 신학에 다 동의하는 것은 아니지만, 그 영향력은 부럽게 생각합니다. 그곳에 가면 오늘날까지 무디의 헌신과 열정이 남아 있는 것이 보입니다. 무디는 신학교도 안 나왔습니다. 그런데도 큰 부흥이 일어나니까 사람들이 질투하고 비난을 많이 했습니다. "왜 다들 '무디, 무디' 하는 거야? 무디가 하나님을 독점했단 말인가?" 그때 누가 그랬습니다. "No, Moody doesn't have a monopoly on the Holy Spirit, but the Holy Spirit has a monopoly on Moody." 무디가 하나님을 독점한 게 아니라 하나님이, 성령이 무디를 독점하고 계신다는 것입니다. 누구도 하나님을 독점할 수 없습니다. "하나님, 나를 통해서 일하셔야 합니다." 그런 것 없습니다. 우리가 할 수 있는 일은 하나님이 나를 소유하고 독점하시도록 하나님께 자신을 내어 드리는 것뿐입니다. 하나님이 여러분을 독점하신다면, 하나님의 뜻대로 온전히 자유롭게 사용하실 그릇으로 여러분 자신을 내어 드린다면, 여러분의 삶은 이 시대에 꼭 필요한 열매를 맺을 것입니다.

제가 디트리히 본회퍼의 설교집을 읽고 있다고 했는데, 앞부분에 이런 설교가 나옵니다.

> 사랑하는 여러분, 제가 여러분의 공동체와 작별할 시간이 되었습니다. 저는 이제 이 공동체에서 사역한 일 년의 세월을 뒤로 합니다. 지난 일 년 동안 저는 되도록 많이 알려 드리려고 했습니다. 이 시간들은 저의 실천 사역 첫 해였고, 저는 그 가운데서 우리의 소명이 얼마나 아름답고 중대한지를 온전히 느낄 수 있었습니다. 하나님에 관해 말하면서도 다음의 사실을 아는 것은 언제나 큰 과제입니다. 즉, 인간의 말은 기껏해야 하나님의 거룩한 옷의 끝자락만 건드릴 뿐이며, 하나님께서 자기의 명예를 위해 뭔가 이루려고 하시는 것만이 그분이 주시는 은혜라는 것입니다. 저는 이따금 불안한 마음을 안고 설교단에 올랐습니다. 제가 제대로 전했는지는 모르겠습니다만, 저는 설교단에 오를 때마다, 모든 헤아림을 뛰어넘는 하나님의 평화, 자유롭게 움직이며 활동하는 그 평화의 도움을 거듭거듭 받았습니다. 더는 말

할 필요가 없겠지만, 저는 이 경험이 점점 제 것이 되도록 해준 이 공동체를 잊지 못할 것입니다.[11]

20대 초반의 본회퍼가 바르셀로나에서 했던 설교입니다. 앞서 언급한 틸리케는 신학생들에게 설교를 맡기지 말라고 했는데, 청년 본회퍼의 설교를 읽으면서 제가 생각이 바뀌었습니다. 신학생 여러분, 설교하셔도 될 것 같습니다! 그러나 한 가지, 본회퍼가 설교단에 오를 때 가졌던 "불안한 마음"을 기억하십시오. 두려움과 떨림으로, 불안 가운데 내가 과연 이 사역에 합당한 사람인가, 나는 준비되어 있는가 하는 마음으로 설교단에 오르는 것이 은혜입니다. 큰일이든 작은 일이든, 사람들이 부러워하는 일이든 하찮게 여기는 일이든 상관없이, 우리는 자신이 하나님께 쓰임받는 자라는 사실에 긴장하고 두렵고 떨림으로 설교단에 오르고, 사역의 자리로 나아가야 합니다.

본회퍼가 놀라운 고백을 합니다. "불안 가운데 설교단에 섰는데 그 현장에서 하나님의 평화가, 모든 지각에 뛰어난 하나님의 평강(빌 4:7)이 나를 지켜 주셨다!" 그렇습니다. 목회자의 삶이란 끊임없는 불안, 그러나 그 연약함에도 불구하고 나를 사용하시는 하나님의 은혜와 그 위에 더하시는 평안을 누리는 것입니다. 그 평안이, 샬롬이 깊어져 가는 것입니다. 나의 지식만 늘어나는 것이 아니라, 하나님으로 인해 내가 누리는 평안의 밀도가 점점 높아질 때, 현실적이고 생생한 평안이 되어 갈 때 하나님이 나에게 정말 소중한 일을 맡기십니다. 무엇을 맡기실지는 온전히 하나님께 달려 있습니다. 그것이 하나님이 나를 독점하시는 것입니다.

여러분, 하나님 사랑하지요? 너무 사랑해서 신대원까지 왔습니다. 그런데 우리는 왜 이렇습니까? 왜 이렇게 복잡할까요? 왜 이렇게 신실한 헌신이 힘들어질까요? 다른 무엇이 내 중심을 점령하고 독점하고, 거기에 내 마음을 빼앗겼기 때문이 아닐까요? 그 무엇이 세속적 욕망이나 열등감일 수도 있지만, 사역의 성공이나 비전일 수도 있습니다. 여러분, 그것이 내 야망이든 욕심이든 열등감이든 은밀한 죄이든 무엇이든 간에, 진리의 빛 가운데로 가져오십시오. 바울은 "너희는 열매 없는 어둠의 일에 참여하지 말고 도리어 책망하라. 책망을 받는 모든 것은 빛으로 말미암아 드러나나니 드러나는 것마다 빛이니라"(엡 5:11, 13)고 말했습니다. 이처럼 우리는 스스로를 "책망"할 수 있어야 합니다. 새번역은 이 "책망"을 "폭로"로 옮깁니다. 내 속의 이기심과 욕망, 자기중심성이 폭로되는 것이 은혜입니다. 하나님을 예배하면서 내 속에 있는 것들이 드러나, 때로 고개를 들 수 없을 정도로 부끄러워지는 것이 은혜입니다. 그 위에 이러한 나의 문제를 다루시는 하나님의 은혜가 또한 있을 것입니다.

본회퍼가 이 설교를 했던 때는 1929년입니다. 그로부터 16년 후, 1945년 제2차 세계 대전 종전을 눈앞에 두고, 20대 초반에 두려움과 떨림으로 설교단에 올랐던 그 발로, 여전히 젊은 목회자 본회퍼는 교수대에 오릅니다. 그의 마지막 순간은 어땠을까요? 정확한 기록은 없지만, 저는 하나님의 평화, 곧 20대에 설교단에 섰을 때 불안한 그에게 임했던 하나님의 평화가 교수대에 오른 그에게도 임했으리라고 믿습니다. 그 평화의 도움 없이는, 하나님이 주시는 샬롬 없이는 우리는 한순간도 사역을 감당할 수 없습니다. 하나님의 샬롬은 건강한 질서이기도 합니다. 모든 것이 제자리로 가는 것이 샬롬이기 때문입니다. 하나님의 샬롬을 경험하면서 우리는 심하게 망가져 버린 이 세계의 흐트러진 우선순위를 바로잡아 갈 수 있습니다. 참으로 예배할 분을 예배하고, 의지할 분을 의지할 때 우리가 누리는 샬롬은 더 깊어질 것입니다.

여러분, 신학교에 잘 오셨습니다. 하나님이 주시는 샬롬과 평안과 위로와 아름다움이 이 길 위에 있습니다. 이 길이 아니면 경험할 수 없습니다. 여러분, 신중하게 준비하고 당당하게 이 길을 가기를 주님의 이름으로 축원합니다. 하나님의 평화가 함께하실 것입니다.

마침내, 교회가 희망이다

2강
섬김이 치유다

2023년 3월 22일 수요일 저녁 예배

세베대의 아들 야고보와 요한이 주께 나아와 여짜오되 선생님이여, 무엇이든지 우리가 구하는 바를 우리에게 하여 주시기를 원하옵나이다. 이르시되 너희에게 무엇을 하여 주기를 원하느냐. 여짜오되 주의 영광 중에서 우리를 하나는 주의 우편에, 하나는 좌편에 앉게 하여 주옵소서. 예수께서 이르시되 너희는 너희가 구하는 것을 알지 못하는도다. 내가 마시는 잔을 너희가 마실 수 있으며 내가 받는 세례를 너희가 받을 수 있느냐. 그들이 말하되 할 수 있나이다. 예수께서 이르시되 너희는 내가 마시는 잔을 마시며 내가 받는 세례를 받으려니와 내 좌우편에 앉는 것은 내가 줄 것이 아니라 누구를 위하여 준비되었든지 그들이 얻을 것이니라. 열 제자가 듣고 야고보와 요한에 대하여 화를 내거늘 예수께서 불러다가 이르시되 이방인의 집권자들이 그들을 임의로 주관하고 그 고관들이 그들에게 권세를 부리는 줄을 너희가 알거니와 너희 중에는 그렇지 않을지니 너희 중에 누구든지 크고자 하는 자는 너희를 섬기는 자가 되고 너희 중에 누구든지 으뜸이 되고자 하는 자는 모든 사람의 종이 되어야 하리라. 인자가 온 것은 섬김을 받으려 함이 아니라 도리어 섬기려 하고 자기 목숨을 많은 사람의 대속물로 주려 함이니라.

마가복음 10:35-45

모든 고통의 근원, 자기중심성

우리로 하여금 마음껏 찬양하게 하시고, 또한 그 찬양을 받아 주시는 하나님께 감사드립니다. 성령이 우리 가운데 자유롭게 운행하여 하나님께서 원하시는 일들을 하는 복된 오늘 저녁이 되기를 축원합니다.

마음씨 좋은 젊은이가 있었습니다. 출근길에 지하철에서 내리면 동냥하는 걸인이 보입니다. 종종 오천 원씩 놓아 드렸습니다. 걸인은 이 젊은이의 얼굴을 보는 것만으로도 기분이 좋았겠습니다. 그런데 언제부턴가 젊은이가 삼천 원만 주는 겁니다. 한동안 그러다가 이제는 이천 원으로 줄었습니다. 이게 웬일일까? 걸인은 기분이 나쁘기도 하고 궁금하기도 해서 물어봤습니다.

"왜 자꾸 돈이 줄지요?" 젊은이가 정중하게 대답했습니다. "제가 총각 때는 오천 원씩 드렸는데, 결혼하고 보니 돈 쓸 데가 많아져서 삼천 원으로 조정했고, 지금은 아이가 생겨서 이천 원밖에 못 드리는 형편입니다." 그러자 걸인이 화를 내면서 이렇게 말했습니다. "아니, 당신, 나한테 줄 돈으로 가족을 부양했단 말이야?"

여러분, 인간은 자기중심적입니다. 모든 인간의 근본적인 문제입니다. 이 세상이 앓고 있는 심각한 병의 원인이기도 합니다. 가정 문제는 아내는 아내 중심이고, 남편은 남편 중심이기 때문에 발생합니다. 사회 문제도 그렇습니다. 강한 자는 강한 자대로, 약한 자는 약한 자대로 각기 자기중심적으로 생각합니다. 주로 힘을 가진 자들의 뜻대로 되기 때문에 기득권이니 갑질이니 하는 문제가 생기지, 사회적 약자들도 자기중심적으로 사고하고 행동하는 것은 본질적으로 다르지 않습니다.

이러한 관점에서 우리 시대를 생각해 봅니다. 「국제시장」이라는 영화를 아십니까? 주인공 덕수는 1939년생입니다. 저는 이 영화를 보면서 우리 아버지 세대를 좀 더 이해할 수 있게 되었습니다. 그분들은 자신을 위해 살았던 적이 없습니다. 덕수처럼 자식들이나 동생들을 위해 늘 자기를 희생하고 살았습니다. 2013년, 새로운 밀레니엄(millennium)에 태어난 아이들이 청소년이 될 즈음에 〈타임〉 지에 이런 제목의 커버스토리가 실렸습니다. "Me Me Me Generation." 미국에서는 1950-60년대에 태어난 베이비부머(baby boomer)들을 그 이전 세대가 "Me Generation"(자기중심적 세대)이라고 불렀습니다. 그 세대가 낳은 자녀들이 밀레니엄 베이비인데, 이 밀레니엄 세대는 더욱 심각한 자기중심적 세대라는 말입니다. 모든 부분에서 'Me'가 들어가야 합니다.

요즘 태어난 아기들은 생후 한 달 동안 찍은 사진이 지금 70대가 평생 찍은 사진보다 더 많다고 합니다. 내가 주인공이라는 것입니다. 「국제시장」을 보면 덕수가 결혼식장에서 사진을 찍는 장면이 나옵니다. 찰칵하는 순간에 덕수는 눈을 감아 버립니다. 익숙하지 않아서일까요? 사진을 찍는 것뿐 아니라, 자신이 주인공이 되는 순간이 익숙하지 않기 때문입니다. 늘 가족과 타인을 위해 살아오다가, 딱 하루 자신이 주인공이 될 수 있는 그날 그 순간에 눈을 감아 버리는, 받고 누리는 것을 어색해하는 세대입니다. 미국의 문예평론가 수전 손택(Susan Sontag)은 자신의 책 『사진에 관하여』에서 사진으로 유포되는 이미지가 인간이 세계를 이해하는 방식과 아울러 사회적 문제들에 반응하는 방식을 근본적으로 바꿔 놓는다는 사실을 치밀한 분석을 통해 논증합니다.[1] '셀피'(selfie) 또는 '셀카'라는 현상, 곧 대다수의 피사체가 자기 자신이거나 음식이든 액세서리든 여행지든, 자신이 누리고 있는 것들이 되는 현상이 인간의 자기 이해에 어떤 영향을 끼치는지에 대해 면밀한 분석이 필요합니다.

인간은 본래부터 자기중심적입니다. 성경의 신앙은 절대 타자 앞에서 자기를 발견함으로 자기중심성을 벗어나는 길입니다. 자기 해방은 자신에게 과도하게 초점이 맞추어진 상태를 벗어나는 데서 가능해집니다. 우리는 자동카메라(auto focus camera)가 아니라 수동카메라와 같습니다. 대다수 사람들은 고장 난(out of order) 수동카메라입니다. 공부에 집중하고 싶어도, 예배에 집중하고 싶어도 '포커스'(focus) 기능이 고장 나서 제대로 작동하지 않는 상태입니다.

여러분, 사람이 언제 행복감을 느낄까요? 시카고 대학교 심리학과의 미하이 칙센트미하이(Mihaly Csikszentmihalyi) 교수가 이끄는 연구팀은 인간의 행복에 대한 연구에서 신기원을 이룩한 것으로 평가받습니다. 이전의 연구들은 단순히 "당신은 언제 행복했습니까?"라고 묻는 식으로 진행되었습니다. 그러나 이 연구팀은 사람들에게 ESM(Experience Sampling Method, 경험표집법) 호출기를 주고 수시로 연락해서 지금 무엇을 하고 있는지, 지금 느끼는 행복감은 어느 정도인지를 묻고 분석했습니다. 이 연구의 결과가 『몰입』(Flow)이라는 책으로 나왔습니다.[2] 이 책에 따르면, 여가 시간을 보내거나 취미 활동을 하거나 일을 하거나 무엇을 하든 그것에 자신을 잊어버릴 정도로 몰입할 때 인간은 행복감을 느낍니다. 우리는 휴가지의 여흥을 즐기면서도 따분할 수 있고, 까다로운 일에 몰두하면서도 행복할 수 있습니다.

이제는 고인이 된 설교자 팀 켈러(Tim Keller)가 『복음 안에서 발견한 참된 자유』[3]라는 책을 쓴 적이 있습니다. 이 책의 원제는 "The Freedom of Self-Forgetfulness"입니다. "자기 망각의 자유"라는 이 중요한 제목이 다소 단조롭게 번역되어 소개된 것이 좀 아쉽습니다. 여기서 팀 켈러는 인간 고통의 원인 중 하나가 지나치게 자신에게 관심이 쏠려 있는 것이라고 진단합니다. 따라서 우리에게 복이 있다면 그것은 자기를 잊어버릴 줄 아는 것(self-

마침내, 교회가 희망이다

forgetfulness)입니다. 내가 지금 행복한가, 내가 다른 사람에게 어떻게 보일까 하는, 나 자신에 대한 생각을 좀 덜하게 되는 것입니다. 그러면서 고장 난 카메라가 정말 초점을 맞춰야 할 곳에 맞추는 것, 그것이 바로 구원입니다.

구원, 새 창조의 공동체

오늘 아침 설교에서 이 세상이 'out of order' 상태라고 했습니다. 창조 질서로부터의 이탈에서 회복되는 것이 곧 구원입니다. 이 'out of order' 상태를 고치는 구원은 나에게서부터 시작되어야 합니다. 에베소서 2:10을 보겠습니다.

우리는 그가 만드신 바라. 그리스도 예수 안에서 선한 일을 위하여 지으심을 받은 자니 이 일은 하나님이 전에 예비하사 우리로 그 가운데 행하게 하려 하심이라.

여기서 "지으심을 받은"이라는 말은 새 창조를 뜻합니다. 태초에 하나님이 천지를 창조하실 때나, 여러분 한 사람 한 사람을 세상에 나오게 하실 때와 같은 첫 창조라기보다, 그리스도 예수 안에서의 창조를 가리킵니다. 즉, 우리가 구원받은 것을 말합니다. 이어서 고린도후서 4:6을 보겠습니다.

어두운 데에 빛이 비치라 말씀하셨던 그 하나님께서 예수 그리스도의 얼굴에 있는 하나님의 영광을 아는 빛을 우리 마음에 비추셨느니라.

창세기 1장을 강하게 상기시킵니다. 천지창조라는 그 놀라운 사건보다 훨씬 중요하고 값진 사건이, 우리 한 사람 한 사람에게 그리스도의 빛이 비추어진 사건이라는 말입니다.

"그런즉 누구든지 그리스도 안에 있으면 새로운 피조물이라"(고후 5:17). 전통적으로 이 구절은 그리스도 안에 있는 사람은 새로운 피조물이 된다는 의미로 이해되었습니다(KJV). 그러나 영어 새개정표준역(NRSV)은 이를 "So if anyone is in Christ, there is a new creation"이라고 옮깁니다. 원문의 구조와 문맥을 잘 살린 번역입니다. 여러분, 이해하겠습니까? 내가 그리스도와 관계를 맺으면 세계의 모든 존재와의 관계가 다 바뀌게 된다는 것입니다. 어느 여자가 한 남자와 결혼을 하지만, 그 여자는 세상 모든 남자에 대해 유부녀가 되는 것과 같습니다. 어떤 사람이 그리스도를 만나서 그리스도 안에 있으면 그에게는 만물이 새롭게 됩니다(There is a new creation). "누구든지 그리스도 안에 있으면 새 창조 안에 사는" 것입니다. 즉, "이전 것은 지나갔으니 보라 새것이 되었도다"라는 구절의 뜻은 내가 새것이 되고 새로운 사람이 되었다는 것이 아니라, 그리스도 안에서 나도, 내 친구도, 내 자녀도, 내 커리어도, 내가 공부하는 목적도 모두 새롭게 되었다는 것입니다. 내가 살아가는 이 세상 모든 만물과의 관계가 새롭게 되었다는 것입니다. 새 창조가 이미 시작되었고, 그 안에서 우리는 살아가고 있습니다. 그것이 하나님 나라입니다. 이 새 창조의 세계 안에 들어가는 것이 바로 '세례'입니다. 로마서 6:3-4은 세례를 이렇게 묘사합니다.

> 무릇 그리스도 예수와 합하여 세례를 받은[baptized into Christ Jesus] 우리는 그의 죽으심과 합하여 세례를 받은 줄을 알지 못하느냐. 그러므로 우리가 그의 죽으심과 합하여 세례를 받음으로 그와 함께 장사되었나니 이는 아버지의 영광으로 말미암아 그리스도를 죽은 자 가운데서 살리심과 같이 우리로 또한 새 생명 가운데서[in the newness of life] 행하게 하려 함이라.

"그리스도 예수와 합하여 세례를 받은 우리는……." 이 구절의 헬라어 원문은 "에밥티스테멘 에이스 크리스톤"(ἐβαπτίσθημεν εἰς Χριστὸν)입니다. 전치사 '에이스'(εἰς)는 영어의 'into'에 해당하는 단어이며, 기본적으로 장소의 이동을 가리킵니다. 따라서 영어로는 "baptized into Christ"(그리스도 안으로 들어가게 되었다)라고 옮길 수 있습니다. 그렇게 보면 이제 "새 생명[생명의 새로움] 가운데서 행하게 하려 함이라"의 의미가 선명해집니다. 구약과 신약을 통틀어 구원의 가장 중요한 표현은 우리가 하나님의 백성이 된다는 것입니다. 즉, 하나님 나라에 속한 사람이 된다는 말이지요. 구약에서는 이스라엘을 통해 하나님 나라가 구현된다고 생각했습니다. 이스라엘 백성이 되는 것이 하나님의 백성이 되는 것이라는 기대입니다. 이제는 그 자리에 그리스도께서 계십니다.

그러므로 이제부터 너희는 외인도 아니요 나그네도 아니요 오
직 성도들과 동일한 시민이요 하나님의 권속이라(엡 2:19).

"baptized into Christ"라는 말은 탄생과 관련이 있습니다. 우
리는 태어나는 순간 한 가족에 속하게 되지요. 태어나고 나서 어
느 가족에 가입하는 게 아니라 탄생 자체, 내가 새로운 생명으
로 태어나는 것 자체가 한 가족의 일원이 되는 사건입니다. 그러
니 구원론과 교회론은 따로 떼어서 설명할 수가 없습니다. 에베
소서 2:19의 말씀처럼 구원은 '하나님 나라의 시민'이자 '하나님
의 가족'이 되는 것입니다. 그 공동체의 새로운 삶을 갈라디아서
3:27-28은 이렇게 말합니다.

누구든지 그리스도와 합하기 위하여 세례를 받은 자는 그리스
도로 옷 입었느니라. 너희는 유대인이나 헬라인이나 종이나 자
유인이나 남자나 여자나 다 그리스도 예수 안에서 하나이니라.

"누구든지 그리스도와 합하기 위하여 세례를 받은 자"의 헬
라어 원문은 로마서 본문과 동일하게 "에이스 크리스톤 에밥티
스테테"(εἰς Χριστὸν ἐβαπτίσθητε), 곧 "baptized into Christ"입니다. 우
리가 세례를 받고 그리스도 안으로 들어갔다는 것입니다. 그 새
로운 세계는 "유대인이나 헬라인이나 종이나 자유인이나 남자나
여자나 다 그리스도 예수 안에서 하나"인 세계입니다. 밖에서는
종과 자유인이 같을 수 없습니다. 남자와 여자 사이에 차별이 있

습니다. 유대인과 헬라인 사이에 장벽이 있습니다. 그러나 그 모두가 아무런 차별 없는 새로운 세계로 들어갔다는 것이 하나님의 나라이고 새 창조이며, 이를 삶으로 살아 내는 공동체가 바로 교회입니다.

따라서 구원은 심리학적 범주라기보다 역사적 범주에 속한다고 보아야 합니다. 우리의 구원은 이 역사 속에서 하나님의 백성이 되고 그분의 통치 안에 들어가는 것입니다. 심리학적 범주는 우리가 예수를 사랑하고 구원의 확신을 갖는 것을 강조합니다. 물론 필요한 부분이지만, 그것이 지나치게 강조될 때 혹은 이 지점에서 끝날 때 구원의 역사적이고 객관적인 현실이 상실됩니다. 미국 여행을 해본 분들은 아실 겁니다. 미국에 가서도 매일같이 한국 사람을 만나고 한국 음식을 먹을 수 있습니다. 영어 한마디 할 일이 없을 때도 많습니다. 저는 떡볶이를 미국에서 훨씬 더 많이 먹은 것 같습니다. 교회 행사가 있을 때마다 떡볶이를 내놓곤 했거든요. 날마다 한국 음식을 먹고 한국 드라마를 보고 한국말만 하다 보면, 내가 한국에 있는 건지 미국에 있는 건지 헷갈릴 때가 있습니다. 이런 것을 심리학적 범주라고 할 수 있습니다. 반면에 내가 비행기를 타고 바다를 건너 실제로 미국에 왔다는 사실은 역사적 범주입니다. 청년 설교자 본회퍼가 하나님께로부터 받은 평화는 개인적 은혜이지만, 본회퍼 신학 안에 분명히 구원에 대한 객관적 토대와 역사적 이해의 기반이 있기 때문에 그 위에서 평화를 누릴 수 있었던 것입니다. 청년 바울(사울)이 다메섹 도상에서 예수를 만난 사건(행 9:1-19)도 우리가 지나치게 심리학적으로 이해하여, 그의 마음속에 일어난 감정적인 일로 여기곤 합니다. 바울의 회개는 그런 게 아니라, 그가 핍박했던 예수가, 죽은 줄만 알았던 예수가 다시 살아나 자기 앞에 선 것을 목격하고서 그 사건을 역사적으로 성찰한 것입니다. 천지창조로부터 아브라함, 다윗, 바벨론 포로기, 약속 실현의 대망에 이르는 장대한 역사에 대한 바울 자신의 이해를, 그리스도를 중심에 놓고 재구성하여 역사적 이해가 새롭게 확립된 것이 바울 신학입니다.

자유주의의 한계

예수께서 삭개오에게 말씀하셨습니다. "오늘 구원이 이 집에 이르렀으니 이 사람도 아브라함의 자손임이로다"(눅 19:9). 죽어서 천국에 간다는 것이라기보다, 예수를 믿는 그 순간 아브라함의 자손, 곧 하나님의 백성이 된다는 말씀입니다. 하나님의 백성은 하나님을 왕으로 모시고 그 통치를 받으면서 그분의 주권 아래 살아가는 이들입니다. 삭개오가 자신이 속여 빼앗은 것을 네 배로 갚고 다시는 이웃을 착취하며 살지 않겠다고 한 것은, 그리스도의 다스림 아래 살아가겠다는 고백입니다.

그 다스림이 구체적으로 드러나는 장(場)이 교회입니다. 그러나 교회는 하나님 나라가 아닙니다. 현실의 교회는 늘 인간적인 연약함과 불순종에 노출되어 있습니다. 그럼에도 하나님은 무엇보다 교회를 통해 하나님 나라를 드러내시며, 새 창조를 현실화하기를 원하십니다. 신약성경, 특히 바울 서신들을 보면 세상에 나가서 선한 일을 행함으로 세상을 변화시키려고 노력하거나, 세상 모두가 따를 수 있는 문제 해결책을 제시하는 내용은 의외로 많지 않습니다. 교회 공동체 안에서 서로 용납하고, 서로 격려하고, 서로 존중하고 사랑하라는 내용이 압도적입니다.

요한복음에서 예수께서 이렇게 말씀하셨습니다. "너희가 서로 사랑하면 이로써 모든 사람이 너희가 내 제자인 줄 알리라"(요 13:35). 하나님은 우리에게 추상적인 진리를 전하신 것이 아니라, 그리스도의 삶과 죽음과 부활을 통해 사랑을 보이셨습니다. 우리는 그리스도의 몸된 교회로서 성육신하신 그분의 복음을 이어서 전해야 합니다. 그분의 부활로 이미 시작된 새 창조의 현실을 우리가 살아 내는 것입니다. 이러한 명령은 오늘 본문에도 선명하게 나타납니다.

> 예수께서 불러다가 이르시되 이방인의 집권자들이 그들을 임의로 주관하고 그 고관들이 그들에게 권세를 부리는 줄을 너희가 알거니와 너희 중에는 그렇지 않을지니 너희 중에 누구든지 크고자 하는 자는 너희를 섬기는 자가 되고 너희 중에 누구든지 으뜸이 되고자 하는 자는 모든 사람의 종이 되어야 하리라(막 10:42-43).

예수께서는 나가서 세상을 변화시키라고 말씀하시는 대신에, 우리가 교회 공동체 안에서 어떻게 살아가야 하는지에 관해 말씁하십니다. 그리고 여기서 "이방인의 집권자들"은 권력의 문제를 말합니다. 권력이란 것이 어떻게 남용되고, 권력을 가진 자들이 어떻게 '갑질'을 하는가? 이는 인류 사회의 보편적인 문제입니다. 왕을 세우고 지도자를 뽑아 그들에게 권력을 준 것은 백성을 잘 섬기라는 말입니다. 그러나 그들은 권력을 독점하고 자의적으로 행사합니다. 왜 그렇습니까? 인간이 자기중심적이기 때문입니다. 권력이란 인간에게 조금이라도 비열한 구석이 있으면 그것을 확대하는 경향이 있습니다. "완장 채워 보면 안다"는 말이 있습니다. 더없이 순박한 사람도 권력이든 돈이든 무엇인가 손에 주어지고 출세하게 되면 변한다는 것이지요.

「반지의 제왕」이라는 영화가 이런 점을 탁월하게 표현했습니다. 아무리 선한 사람이라도 모두를 지배할 수 있는 강력한 힘을 가진 '절대 반지'를 끼는 순간 탐욕의 노예가 되어 버립니다. 사람이 힘이 있으면 자기 임의대로, 자기 마음대로 하게 되어 있습니다. 사장 마음대로, 왕 마음대로, 돈 있는 사람 마음대로 약자를 이용하고 억압해 온 것이 인류 역사입니다.

오늘 본문에서 열 제자가 야고보와 요한의 말을 듣고 화를 내는 이유가 무엇입니까? '공정'하지 않다는 것입니다. 예수께서 지금 십자가를 향해 가시는데 그렇게 철없이 행동해도 되겠느냐는 것이 아니라, 불공평하다(unfair)는 말입니다. 공정이란 말이 시대의 화두가 되었습니다. 얼마 전에 제가 서울 어느 병원에 심방을 갔다가 깜짝 놀란 적이 있습니다. 병동 6층 한쪽 벽에 "저희 6층 간호사들은 모든 환자를 공정하게 대합니다"라는 문구가 붙어 있는 겁니다. 예전에는 "우리는 모든 환자에게 친절합니다" 또는 "모든 환자에게 최선을 다하겠습니다"라는 문구를 볼 수 있던 자리입니다. 요즘 우리 사회의 지배적인 담론이 된 공정이 무엇입니까? 나는 안 받아도 괜찮지만 다른 사람이 나보다 많이 받는 것은 눈 뜨고 볼 수 없다는 것입니다. 약자의 권익을 보호하기 위한 공정이 아니라, 나는 손해 볼 수 없다는 공정이 되어 버렸습니다.

마가복음 10장 전체를 읽어 보면 이혼, 어린이 차별, 빈부 격차 등 여러 사회 문제들이 연이어 나옵니다. 이 모든 문제가 힘 있는 자들이 자기 기준으로 사회를 몰아가기 때문에 발생한 것입니다. 즉, 인간 사회의 모든 고통은 자기중심적인 인간이 자기 마음대로 살기 때문에 비롯된다는 것이 성경의 진단입니다. 에베소서 2:3을 보겠습니다.

전에는 우리도 다 그 가운데서 우리 육체의 욕심을 따라 지내며 육체와 마음의 원하는 것을 하여 다른 이들과 같이 본질상 진노의 자녀이었더니.

우리가 "육체와 마음의 원하는 것을 하여", 곧 자기 마음대로 하여 "본질상 진노의 자녀"가 되어 버렸다는 것입니다. 여기서 성경은 분명하게 자유주의의 한계를 말하고 있습니다. 자유는 소중한 것이지만, 자유 자체가 절대시되면 강자의 정글이 되고 맙니다. 뭐든 내 마음대로 할 수 있는 자유, 내 마음대로 돈 벌 수 있는 자유, 강자가 자기 마음대로 이 사회를 이끌고 갈 수 있는 자유를 주면 안 됩니다. 성경은 자유를 소중히 여기지만 '자유주의'를 반대하는 것은 분명합니다. 갈라디아서 5:13에서 바울은 이렇게 말합니다.

> 형제들아, 너희가 자유를 위하여 부르심을 입었으나 그러나 그 자유로 육체의 기회를 삼지 말고 오직 사랑으로 서로 종노릇하라.

그렇습니다. 자유에는 제한이 있어야 합니다. 그런데 우리가 어떻게 스스로 자신의 자유를 제한할 수 있을까요? 나의 자유라는 가치를 넘어서는 목적이 있을 때, 곧 섬김으로써 우리는 이를 달성할 수 있습니다. 현대 교회의 가장 큰 문제는 신학적 보수주의가 경제적 자유주의를 지향하는 것입니다. 신학적 보수주의는 인간의 전적 타락을 강조합니다. 인간은 죄인이라는 고백에 철저합니다. 신학적 자유주의는 예수를 도덕적 모범으로 보는 경향이 강합니다. 예수를 따라 사는 것이 신앙입니다. 보수주의는 인간은 전적으로 타락한 존재이므로 도덕적 모범 이전에 대속자가 필요하다는 점을 강조합니다. 죄인인 인간이 자기 마음대로 하도록 놔두면 안 된다는 것입니다. 이처럼 신학적으로 보수적인 견해를 가진 이들이 경제 문제에서는 자유주의를 지향합니다. 시장이 다 알아서 하니까, 인간을 그냥 내버려두라는 것입니다. 시장의 기능을 중요시하는 것은 인정합니다. 자본주의의 중요한 원리입니다. 그러나 수요와 공급의 법칙, 이른바 '보이지 않는 손'(invisible hand)에 의해 모든 일이 잘 이루어질 테니 국가가 개입하지 말고, 빈곤 문제든 부동산이든 뭐든 그냥 놔두라는 것은 시장을 숭배하고 자유를 절대시하는 것입니다.

　신학적 보수주의는 신학적 자유주의를 원수로 여깁니다. 하지만 모순적이게도 신학적 보수주의자들이 경제적 자유주의를 숭상합니다. 그것이 현대 교회와 신학의 가장 큰 문제가 되어 있습니다. "보이지 않는 손이 다 알아서 할 거야." 성경은 그렇게 말하고 있지 않습니다. 여호수아서를 보면, 이스라엘이 가나안 땅에 정착하기 시작한 시점에 땅을 공평하게 나눕니다. 그러나 그 공평이 그대로 유지될 수 없다는 것을 성경은 압니다. 세월이 흐르면 불평등이 생길 것을 감안하고 있습니다. 누구는 땅을 잃고 소작인이 되고, 누구는 노예가 됩니다. 그 때문에 희년 제도가 있습니다. 희년이 무엇입니까? 강한 자들이 알아서 하도록 놔두면, 자유를 절대시하면 이 세상은 사람이 살 수 없는 지옥이 되고 만다는 것이 희년 정신입니다. 희년은 자유주의를 정면으로 반박하고 있습니다. 마가복음 9:12-13을 보겠습니다.

　　가라사대 엘리야가 과연 먼저 와서 모든 것을 회복하거니와 어찌 인자에 대하여 기록하기를 많은 고난을 받고 멸시를 당하리라 하였느냐. 그러나 내가 너희에게 이르노니 엘리야가 왔으되 기록된 바와 같이 사람들이 임의로[whatever they wanted, NASB] 대우하였느니라 하시니라(개역한글).

　"임의로 대우하였다." 자유롭게 내가 하고 싶은 대로, 필요한

대로 한다는 것입니다. 세례 요한을 죽인 자들, 또 앞으로 예수를 죽일 자들이 어떻게 행동했습니까? 자기 마음대로, 자기 임의대로 했습니다. 자기중심적인 인간에게 권력을 쥐여 주니까 그렇게 될 수밖에 없습니다. 그 인간들이 자의로 예수를 십자가에 못 박았습니다. 가난한 사람들을 착취하고, 직장에서 약한 사람들을 비열하게 이용했습니다. 가족을 존경과 사랑으로 대하지 않고, 가정을 무너뜨리고, 자연을 마구잡이로 파괴해 버렸습니다. 인간 자유의 결과입니다. 그 파괴적인 결과를 우리가 지금 보고 있지 않습니까? 물질적으로 대단히 풍요로워진 것 같은데, 정말 행복을 느끼는 사람은 점점 줄어들고 있습니다. 우리는 이 시대를 어떻게 살아야 할까요?

> 너희 중에는 그렇지 않을지니 너희 중에 누구든지 크고자 하는 자는 너희를 섬기는 자가 되고 너희 중에 누구든지 으뜸이 되고자 하는 자는 모든 사람의 종이 되어야 하리라(막 10:43-44).

십자가 길을 가시는 예수께서 이 세상을 향한 그분의 계획에 대해 나름의 기대를 갖고 있는 제자들에게 하신 말씀입니다. 구조적으로 매우 중요한 지점에 이 말씀이 위치해 있습니다. 이 타락한 세상에 대한 그분의 대책은 일거에 이방 권력을 뒤엎고 자신의 뜻대로 정권을 세우는 게 아니었습니다. 그분은 소수의 제자들에게 섬기는 공동체가 되라고 말씀하셨습니다. 이 섬김 자체가 온 세상을 치유하고 회복하기 위한 하나님의 계획의 핵심에 있다는 것입니다.

섬김의 공동체, 예수의 전략

유월절 전에 예수께서 자기가 세상을 떠나 아버지께로 돌아가
실 때가 이른 줄 아시고 세상에 있는 자기 사람들을 사랑하시되
끝까지 사랑하시니라(요 13:1).

이 말씀은 예수께서 제자들의 발을 씻기신 이야기 속에 나옵
니다. 우리를 끝까지 사랑하신 그 사랑은 십자가 희생으로까지
나아가며, 그분이 섬김의 삶을 몸소 보여주신 것도 여기에 포함
됩니다. 그분의 큰 사랑은 한 번 베푼 친절이 아니라 삶의 패러
다임을 바꾸라는 도전입니다.

'러너스 하이'(Runner's high)라는 말을 들어 보셨습니까? 예를
들어 조깅할 때 처음에는 힘들지만, 30분 정도 뛰면 엔도르핀이
분비되어 행복감을 느낀다는 것입니다. 운동을 계속하다 보면
이 행복감이 커서 운동 중독이라 할 만큼 그만두기가 힘들다고
하지요. 비슷하게 '헬퍼스 하이'(Helper's high)라는 의학 용어가 있
습니다. 받는 것이 아니라 주는 것에서 오는 행복감을 말합니다.
2003년, 미국 미시간 대학교 연구팀이 70세 이상 423쌍의 장수
부부를 5년 동안 관찰하고 한 가지 공통점을 발견했는데, 이들이
몸이 불편하거나 가족이 없는 사람들을 정기적으로 방문해 돕고
있었다는 것입니다. 자기 것을 나누고 남을 위해 봉사하는 것이

실제로 정신적·신체적 변화를 일으키고 건강 향상에 커다란 영향을 미친다는 연구 결과입니다. 여러분, 섬김 자체에 치유의 효과가 있습니다. 이는 하나님께서 본래 인간을 타인을 섬기고 돌보는 존재로 지으셨기 때문입니다.

오늘 오전에 진정한 해방에 관해 이야기했습니다. "내 백성을 보내라. 그들이 나를 섬길 것이니라"(출 8:1). 진정한 해방, 진정한 자유는 하나님을 참으로 예배하는 백성이 되는 것입니다. 이집트의 족쇄에서 풀려난다고 자유가 아니라, 하나님을 마음 깊이 섬기는 백성이 될 때 참된 자유가 가능합니다. 그런데 우리가 하나님을 섬긴다고 하지만, 하나님 앞에 나와서 예배하는 시간 이외에 대부분의 섬김은 사람을 향해 있습니다.

> 그리스도께서 너희를 사랑하신 것 같이 너희도 사랑 가운데서 행하라. 그는 우리를 위하여 자신을 버리사 향기로운 제물과 희생제물로 하나님께 드리셨느니라(엡 5:2).

예수께서 "우리를 위하여" 자기를 내어 주신 희생이 "하나님께" 드리는 제물이 되었습니다. 우리는 사람을 섬김으로써 하나님을 섬깁니다(We are serving God by serving people). 교회에 가서 아이들을 가르치고 돌보는 것은 아이들을 섬기는 것이지요. 장년 교인들을 심방하고 상담하는 것이나 사회에 관심을 가지고 섬기는 일도 마찬가지입니다. 사람을 섬기는 것이 하나님을 섬기는 방법입니다.

요즘 지겹도록 듣고 있지만, 한국교회의 위기가 어디에 있을까요? 대외 이미지가 나빠진 것입니까? 예배 출석 인원이 줄어든 것입니까? 제가 목회를 해보니까 그 문제가 아닙니다. 한국교회의 위기는 예배 출석 문제가 아닙니다. 교회마다 섬김과 헌신이 사라지고 있습니다. 교회학교 교사를 할 사람도, 성가대원을 할 사람도 없습니다. 봉사에 나서려고 하지 않습니다. 이 세계가 다 위기라고는 하지만, 진정한 위기는 내부로부터 옵니다. 아무리 큰 건물이라도 기둥이 무너지면 전체가 무너집니다. 교회의 기둥은 섬김입니다. 특히 코로나19 사태를 거치면서 교회마다 섬김이 얼마나 약해졌는지 모릅니다. 가장 걱정되는 부분입니다.

　　얼마 전에 통계에 해박한 어느 목사님을 만났습니다. 불교와 개신교의 인구를 비교하며 개신교가 졌다가 이겼다가 이제 조금 뒤쳐졌다는 등의 이야기를 하길래, 제가 둘을 비교하는 것은 별로 의미가 없다고 말했습니다. 불교 인구가 개신교 인구와 비슷하다고 해도, 불교 신자들은 많아야 일 년에 한두 번 절에 가지 않습니까? 반면에 아직까지 대다수 개신교 신자들은 일주일에 한 번 이상 교회에 갑니다. 그 밀도를 비교할 수 없습니다. 한때 가톨릭이 크게 성장할 것이라는 전망이 있었는데, 가톨릭 내부 인사들의 말을 들어 보면 이는 피상적인 관찰이라는 것입니다. 가톨릭도 개신교 못지않게 고민이 많습니다. 크게는 세상 전체가 '탈종교 시대'로 가고 있다는 현상을 보아야 합니다. 전체 제도 종교가 심각한 위기 국면으로 접어드는 것은 분명합니다.

여기서 생각해야 할 점은, 우리가 오랫동안 "기독교는 종교가 아니다"라고 말해 왔다는 사실입니다. 칼 바르트가 말한 의미에서든, 좀 더 대중적인 의미에서든 기독교는 종교가 아니라고 공언해 왔다면, 탈종교 물결 앞에서 지나치게 동요하는 것은 앞뒤가 안 맞습니다. 제도 종교의 약화와 구별되는 기독교의 어떤 힘, 복음의 능력이 어딘가 있을 것이라고 믿고 찾는 사람들이 있어야 하지 않겠습니까?

로마가톨릭은 존경받을 만한 면도 많지만, 대단히 위계적이고 폐쇄적입니다. 우리는 개신교 전통에 대한 자부심을 잃지 않고, 우리가 나아가야 할 방향을 찾아야 합니다. 개신교 신자들이 얼마나 열심입니까? 그 열심과 헌신이 제대로 방향을 갖추기만 한다면, 건강하게만 한다면, 개신교 인구가 불교 인구의 10분의 1이라 하더라도 걱정할 게 없습니다.

지나치게 통계 데이터에 묶여 있으면, 하나님의 역사를 바라보는 영적 안목을 잃어버리게 됩니다. 통계를 잘 읽을 필요도 있지만, 영적 중심을 세우는 일이 훨씬 더 중요합니다. 한국교회는 열심이라는 훌륭한 전통을 가지고 있습니다. 교회를 개혁하겠다면서 그 열심을 폄하하거나 무너뜨리려는 행동은 위험합니다.

건물 인테리어를 새로 하기 위해 여기저기 손을 보고 때로 벽을 허물 수도 있습니다. 그러나 벽 중에는 단순히 칸막이 역할을 하는 게 있고, 건물의 하중을 견디는 '내력벽'(weight-bearing wall)이 있습니다. 그 벽은 허물면 안 됩니다. 교회 개혁을 하려면, 무엇을 허물고, 무엇을 유지하고 강화할 것인지를 아는 지혜가 필요합니다. 지금의 교회를 지탱하는 힘에 대한 엄정한 인식이 요구되는 때입니다. 한국교회의 섬기고, 기도하고, 전도하는 열심은 귀한 자산입니다. 그것에 어떻게 바른 방향성을 부여할 수 있는가? 여기서 출발해야 합니다.

두 번의 회심

블룸하르트(Christoph Blumhardt)는 "우리에게는 두 번의 회심이 필요하다"고 말했습니다. 한 번의 회심은 하늘을 향한 회심입니다. 그다음에 하늘의 하나님을 사랑하는 사람이 다시 땅으로 관심을 돌리는 회심이 있어야 합니다. 우리가 하늘의 하나님을 제대로 알고 섬긴다면, 다시 땅을 향한 열심을 가져야 하는 것입니다. "하늘에서는 주 외에 누가 내게 있으리요. 땅에서는 주밖에 내가 사모할 이 없나이다"(시 73:25). 하나님에 대한 사랑이 땅에서의 삶에 의미를 부여합니다. 그 마음으로 이 땅에서 주님을 사모하고 살아가는 것이 신앙입니다.

"세상 등지고 십자가 보네. 뒤돌아서지 않겠네." 제가 참 좋아하는 복음성가입니다. 이 노래처럼 우리에게는 주님만 바라보고 세상을 등질 정도의 헌신이 필요합니다. 이러한 헌신 없이 어떻게 그리스도인의 삶을 살 수 있을까요? 이러한 결단 없이 신학교에 올 수 있을까요? "오직 예수!", "온전히 주님만!" 하는 고백이 우리에게 필요합니다. 그러나 거기에만 머물면 안 됩니다. "예수 그리스도와 그가 십자가에 못 박히신 것 외에는 아무것도 알지 아니하기로 작정하였음이라"(고전 2:2). 이렇게 말했던 바울은 고린도서후서 5:16에서 "우리가 이제부터는 어떤 사람도 육신을 따라 알지 아니하노라. 비록 우리가 그리스도도 육신을 따라 알았으나 이제부터는 그같이 알지 아니하노라"고 말합니다. 오직 그리스도만 알고, 그 외에는 전부 무가치한 것으로 여기겠다는 것이 아닙니다. 세상 모든 사람과 모든 일을 그리스도의 관점에서 바라보겠다는 말입니다.

우리가 세상을 등지고 십자가를 바라보면, 그 십자가 위의 예수께서는 세상을 바라보고 계심을 알 수 있습니다. 그분의 눈동자에 내가 비치고, 우리의 이웃과 이 땅의 고통받는 사람들이 비칩니다. 십자가에 못 박히신 예수의 눈, 이 땅의 고통스런 현실을 바라보시고 눈물짓는 그 예수의 눈을 통해 우리가 세상을 다시 보고, 세상으로 나아가야 합니다. 그 섬김을 온몸으로 살아 낼 때, 하나님이 우리 한 사람 한 사람에게 치유의 은혜를 허락하실 줄 믿습니다. 그것이 바로 세상을 향해 눈이 떠지게 되는 두 번째 회심입니다.

로드니 스타크(Rodney Stark)는 미국의 권위 있는 종교사회학자로 『기독교의 발흥』[4]이라는 유명한 책을 썼습니다. 그의 저서 가운데 『기독교와 이성의 승리』[5]와 『서구는 어떻게 역사의 승자가 되었는가?』[6]도 참고할 만합니다. 『기독교와 이성의 승리』는 오늘날 기독교가 받는 흔한 오해, 곧 기독교가 비상식적이고 비합리적인 종교라는 게 사실이 아님을 밝히고 있습니다. 이 책에 따르면 서구 세계에서 과학이 발달할 수 있었던 이유는, 합리적인 신이 만물을 창조했으므로 이 세상에 어떤 합리성이 있을 것이라고 전제한 사람들이 과학을 주도했기 때문입니다. 갈릴레이가 천동설을 부정하며 지동설을 발표했고, 종교재판에서 자신의 주장을 철회한 후에도 "그래도 지구는 돈다"라고 말한 것으로 알려져 있는데, 이것도 사실과 다르며 후대에 지어낸 이야기로 추정됩니다.

당시 교회가 지동설을 받아들이기 힘들었던 것은 중세 세계관이 아리스토텔레스의 자연관에 영향을 많이 받았기 때문입니다. 사실 교회는 아우구스티누스 때부터 이미 창조 세계에 대한 성경적 해석에 있어서 상당히 유연한 태도를 가지고 있었습니다. 교회의 추기경들도 갈릴레이가 자신의 이론을 제대로 제시하기만 하면 논의할 준비가 되어 있었습니다. 갈릴레이를 정면으로 압박한 것은 아리스토텔레스의 자연관을 신봉하는 헬라주의자들이었습니다.

『기독교와 이성의 승리』를 보면, 이 헬라 철학자들보다 그리스도인들의 사고가 훨씬 더 과학적이었다는 논거가 계속해서 나옵니다. 아리스토텔레스는 두 개의 무거운 물체를 높은 곳에서 동시에 떨어뜨리면 무거운 물체가 먼저 떨어지고 가벼운 물체는 천천히 떨어진다고 주장했습니다. 한 번만 실험해 봐도 그 주장이 사실이 아님을 알 수 있는데, 아리스토텔레스나 헬라 철학자들은 실험 없이 사변적인 견해를 내놓았습니다. 후대 사람들도 아리스토텔레스가 했던 말이니까 그대로 신봉했습니다. 이에 비하면, 그리스도인들의 사고가 훨씬 더 과학적이었습니다.

아리스토텔레스가 실험을 하지 않은 이유는 몇 가지가 있는데, 가장 큰 이유는 실험이 육체노동이기 때문입니다. 그리스·로마의 대다수 지식인들은 육체노동을 하지 않았습니다. 노예들이나 하는 일로 여겼기 때문입니다. 요한복음 2장의 '가나의 혼인 잔치' 이야기를 읽어 보면, 연회장은 그 질 좋은 포도주가 어디서 났는지 알지 못했지만 물 떠온 하인들은 알고 있었습니다. "하인들은 알더라"(요 2:9). 이 말은 물론 그리스도의 능력과 하나님의 은혜를 가리키는 것이지만, 몸으로 섬기는 가운데 얻게 된 인간의 경험도 포함하고 있습니다. 몸을 움직여 하는 노동의 물리적 세계와 떨어져 사변의 세계에 머무는 사람에게는 물리의 법칙이 발견되기 힘듭니다. 조선 시대에 가장 창조적인 과학자 장영실은 노예 신분이었습니다. 우연이 아닙니다. 양반들은 모릅니다. 스스로 짐 하나 들어 본 적이 없는데, 물리의 법칙을 어떻게 깨닫겠습니까? 기독교 세계관은 이러한 이원론을 극복하고 육체노동을 귀하게 여기며, 몸을 움직여 섬김의 자리로 나가는 것입니다. 예수 자신이 섬기는 자리에 오셨기 때문입니다. 그 자리에서 창조성이 생겨납니다. 인간은 하나님이 창조하신 세계를 돌볼 책임을 부여받았습니다. 이러한 책임은 머리로만 되는 게 아닙니다. 하나님이 창조하신 세계를 몸으로 돌보는 사람들에게 창조성이 생겨납니다.

나는 내 아우를 지키는 자니이다

창세기 4:7을 읽겠습니다.

네가 선을 행하면 어찌 낯을 들지 못하겠느냐. 선을 행하지 아니하면 죄가 문에 엎드려 있느니라. 죄가 너를 원하나 너는 죄를 다스릴지니라.

하나님이 가인에게 하신 말씀입니다. 여기서 "다스릴지니라"에 해당하는 히브리어 단어는 '팀샬'입니다. 이 '팀샬'은 중요한 단어이지만, 해석하기가 대단히 어렵습니다. 스타인벡(John Ernst Steinbeck)의 『에덴의 동쪽』이라는 소설을 보면, '팀샬'이 어떤 의미인지(다스릴 수 있다는 말인지, 혹은 다스리라는 말인지) 이해하는 차이가 인간의 모든 문제를 대변한다는 주석적인 이야기를 합니다.[7] 그런데 흠정역(KJV)은 "너는 죄를 다스릴지니라"를 "and thou shalt rule over **him**"(너는 **그를** 다스릴지니라)으로 옮깁니다. 문자적으로 원문에 따른 가능한 번역입니다. "죄"로 번역된 말은 본래 원문에서 남성형 대명사(him)로 나오기 때문입니다. 그러나 히브리어에서 "죄"는 여성형 명사이지요. 많은 역본들이 "him"을 "죄"로 이해하여 "it"으로 번역하는데, 흠정역은 문자 그대로 옮긴 것이 주목할 만합니다. 최근에 배희숙 교수님이 「기독교사상」에 기고한 "하나님은 왜 가인의 제물을 받지 않으셨는가"라는 글의 한 대목을 읽어 보겠습니다.

7절 하반절은 "죄가 너를 원하나 너는 죄를 다스릴지니라"라고 번역되었으나, 성서 원문에는 "죄"라는 단어가 명시된 것이 아니라 단지 남성형 대명사인 "그"가 사용되었다. 이를 직역하면 "그는 너를 원하고 너는 그를 다스릴 것이니라"이다. 여기서 "그"는 죄를 가리킬 수 없다. 왜냐하면 "죄"는 문법적으로 여성형이기 때문이다. 문맥에 따르면 이 구절에서 "그"는 아벨이 가장 잘 어울린다. 따라서 7절 하반절을 문법과 문맥에 따라 번역하면, "아벨이 너를 원하니 너는 그를 다스릴지니라"가 된다.[8]

구약학계에서 다수 의견은 아니지만 충분히 가능한 해석입니다. 유대인 랍비 중에도 이 구절을 "아벨을 다스릴지니라"라고 해석한 분이 있습니다. "죄를 다스릴지니라"가 아니라 "아벨을 다스릴지니라"라고 이해할 때, 그 '다스림'이란 무엇입니까? 태초에 하나님이 천지를 창조하시고 사람에게 "생육하고 번성하여 땅에 충만하라, 땅을 정복하라,……모든 생물을 다스리라"고 말씀하셨는데(창 1:28), 여기서 '다스림'은 돌보라는 뜻입니다. 내 마음대로, 내 임의대로가 아니라 하나님이 지으셨고, 나는 청지기이므로 주인이신 하나님의 뜻을 따라 세상을 다스리고 돌볼 책임이 있다는 것입니다. 가인의 입장에서는 자신보다 힘없는 사회적 약자와 이 피조 세계를 다스리는 책임을 말합니다. 즉, 아벨을 돌볼 책임입니다. "내가 내 아우를 지키는 자니이까"(창 4:9)라는 가인의 대답에는 "하나님이 하실 일을 왜 나에게 시킵니까?"라고 따지는 뉘앙스가 있습니다. 피조 세계를 돌보는 일은 인간의 의무이자 특권입니다. 하나님의 일을 인간에게 맡긴 것입니다. 우리가 청지기라는 말이지요. 그러나 가인은 그 의무와 특권을 부정했습니다.

창세기를 읽어 가다 보면, 형제간의 관계가 중요하게 대두됩니다. 요셉의 형들이 이집트로 내려갔을 때, 요셉의 계략에 의해 막내아들 베냐민이 은잔을 훔친 범인으로 지목되지요(창 44:1-13). 꼼짝없이 잡혀서 죽거나 노예가 되게 생겼습니다. 아무리 결백을 호소해도 통하지 않습니다. 물증이 눈앞에 나타났으니 어떻게 하겠습니까? 그때 형들 중 유다가 베냐민의 죄를 대신하겠다고 나섭니다. "이 아이가 죄인이라면 제가 그의 죄를 담당하겠습니다. 제가 대신 노예가 되겠습니다." 이 대목이 창세기의 하이라이트입니다. 지금까지 요셉은 형들의 문제를 해결해 주지 않고 계속 괴롭히기만 했습니다. 그런데 여기서 유다가 동생의 죄를 담당하겠다고 하니, 요셉이 참지 못하고 울음을 터뜨립니다. 이때 형제간에 화해가 일어납니다. 한 가지 주목할 점은, 유다가 베냐민의 죄를 대신 담당하겠다고 나서면서 아버지 야곱의 이야기를 매우 길고 상세하게 하는 것입니다(창 44:18-34). 사실 독자들이 다 아는 내용이지요. 그럼에도 유다의 입에서 나온 야곱 이야기를 이처럼 상세하게 기록한 것은 이 장면이 창세기 내러티브에서 그만큼 중요하다는 말입니다.

아벨이 어디 있느냐는 하나님의 물음에 가인은 "그걸 왜 나한테 물으십니까? 내가 내 아우를 지키는 자입니까?"라고 대답했습니다. 그것이 타락하고 깨어진 인간의 자기중심적인 모습입니다. 동생을 살해하고도 자기 책임이 아니라고 합니다. 반면에 유다는 자기 책임이 아닌데 책임지겠다고 합니다. "모든 잘못을 제게 물으십시오" 하며 대신 나섭니다. 유다의 이 말은 가인의 태도와는 정반대로 "나는 내 아우를 지키는 자입니다"라고 고백 하는 것입니다. 여기서 가정의 구원이 이루어집니다. 이 장면은 유다의 자손이신 예수의 십자가와 연결됩니다. 죄 없으신 예수 께서 우리의 죄를 대신해 십자가를 지셨습니다. 히브리서를 보면 예수께서 "맏아들"이라고 불립니다(히 1:6). 따라서 그리스도인 들은 자신이 서 있는 자리에서 세상에 복이 되고 약자를 지키고 돌보는 "아우를 지키는 자"로 부름받았습니다. 창세기 45:8에서 요셉이 이렇게 말합니다. "하나님이 나를 바로에게 아버지로 삼 으시고." 아버지는 돌보는 사람입니다. 책임지고 다스리는 사람 입니다. 이집트 왕조차도 요셉에게는 아들 같고 아우 같은 존재 인 것입니다. 바로가 요셉을 구한 게 아니라 요셉이 바로를 구했 습니다. 창세기 50:19을 보겠습니다.

요셉이 그들에게 이르되 두려워하지 마소서. 내가 하나님을 대신 하리이까. 당신들은 나를 해하려 하였으나 하나님은 그것을 선으 로 바꾸사 오늘과 같이 많은 백성의 생명을 구원하게 하시려 하 셨나니 당신들은 두려워하지 마소서. 내가 당신들과 당신들의 자 녀를 기르리이다 하고 그들을 간곡한 말로 위로하였더라.

"내가 당신들과 당신들의 자녀를 기르리이다." 유다의 말과 같은 말입니다. 창세기 전반부에서 인간의 타락을 대변하는 치명적인 말이 "내가 내 아우를 지키는 자니이까"라면, 결론 부분에 나오는 이 아름다운 화해와 구원의 이야기는 "나는 내 아우를 지키는 자니이다"라는 고백인 것입니다. 여러분, 그것이 교회입니다. 교회는 하나님의 은혜를 먼저 받고 그 은혜로 이 땅을 돌보고 지키는 존재, 이 땅을 위해 자기를 희생하는 존재입니다. 그것이 또한 예수의 사역입니다. 요한복음 10:18에서 예수께서 이렇게 말씀하십니다. "이를 내게서 빼앗는 자가 있는 것이 아니라 내가 스스로 버리노라." 예수의 자유입니다. 그분은 그 자유를 자신을 위해 행사하지 않으셨습니다. "나는 버릴 권세도 있고 다시얻을 권세도 있으니 이 계명은 내 아버지에게서 받았노라." 즉, 희생은 자발적이어야 합니다. 형제를 위해 자신에게 있는 것을 내어 주라는 명령이 바로 "나는 내 아우를 지키는 자니이다"라는 고백으로 살라는 명령입니다. 예수께서 베드로에게 "내 양을 치라"(요 21:16)고 하신 것도 자신보다 약한 사람들을 돌보는 이 사명을 교회 안에서 먼저 행하라는 말씀입니다. 그 말씀을 행하는 교회가 세상을 돌보는 청지기의 사명도 수행할 수 있습니다.

돌봄의 문화를 만들어 갈 책임

미국의 경제학자 낸시 폴브레(Nancy Folbre)가 쓴 『보이지 않는 가슴』이라는 책이 있습니다.[9] "돌봄 경제학"이라는 부제가 붙어 있으며 원제는 "Invisible Heart"입니다. 애덤 스미스가 『국부론』에서 주장하는 '보이지 않는 손'(invisible hand)에 대한 비판이지요. 애덤 스미스에 따르면, 인간은 이기적인 존재이며, 인간이 이타심을 가지고 이웃과 사회를 위해 선한 일을 하지 않아도 자기 자신의 이익을 추구하다 보면 전체 사회가 잘 돌아가게 되어 있습니다. '보이지 않는 손'(수요와 공급 법칙)이 조정해 주기 때문입니다.『보이지 않는 가슴』은 '보이지 않는 손'에 의해 작동하는 시장경제를 부정하지 않습니다. 그러나 그것만으로는 이 사회가 유지될 수 없다고 분명하게 지적합니다. 오늘날까지 세상이 존속하는 것은 이기적 동기로 경제 활동에 참여한 이들뿐 아니라, 이타적 사랑으로 가족을 돌보고 약자들을 섬기는 이들이 있었기에 가능했다는 말입니다. 시장에서 가치를 인정해 주지 않는 노동, 예를 들어 부모가 가족을 먹이고, 아이들을 기르고, 연로한 어르신들을 보살폈기 때문에 사회가 이만큼 유지된 것입니다.

우리 사회의 고령화가 급속도로 진행되고 있고, 머지않아 인간 노동의 많은 부분을 로봇이 대신할 것이라고 합니다. 이대로 간다면 부의 편중이 상상도 못하게 심해질 것입니다. 이러한 돌봄 노동의 가치를 제대로 인정하는 데서 우리가 함께 살 수 있는 길을 찾아야 합니다. 그러기 위해서 교회의 역할이 중요합니다. 생명을 귀하게 여기며 약자들을 섬기고 세상을 돌보는 일에 부름받은 교회가 돌봄을 몸으로 익히고 돌봄 문화를 만들어 가는 데 앞장서야 합니다. 자신을 잘 돌보는 것부터 시작해 가족과 이웃들, 사회적 약자들, 피조 세계를 돌보는 일이 사역의 최우선 순위가 되어야 합니다.

목회 사역의 신학적 기초에서 인간에 대한 이해는 가장 중요한 부분을 차지하고 있습니다. 목회의 우선순위를 어디에 둘 것인가부터 우리 사회의 문제들을 어떻게 바라볼 것인가 하는 것도 목회자의 인간 이해에 기초해 있습니다. 위에서 언급한 애덤스미스의 시장경제론도 나름의 인간 이해에 기초해 있습니다. 인간이 이기적 존재이지만, 그 이기심으로 공익을 만들어 내는 시스템으로서의 자본주의를 말하고 있습니다. 그러나 자본주의는 인간의 이기심을 과도하게 부추기는 경향이 있습니다. 경제가 발전하고 살기 좋아졌다고들 하지만, 사람들이 불행함을 느끼는 이유는 경제 규모보다 이기적 욕망이 더 커지고 있기 때문일 것입니다.

애덤 스미스는 『도덕감정론』이라는 책도 썼는데, 여기서는 『국부론』과 사뭇 다른 인간론을 제시합니다.[10]

> 사람의 이기심이 아무리 특징적인 것으로 상정된다고 해도, 인간의 본성 가운데는 타인의 운명에 관심을 가지며, 설령 타인의 행복을 지켜보는 즐거움을 제외하고는 아무것도 얻지 못할지라도 그들의 행복을 자신에게 필요 불가결한 것으로 만드는 일부 원리들이 분명히 존재한다. 연민이나 동정심이 바로 이러한 유형의 원리에 속하는데, 타인의 불행을 직접 목격하거나 아주 생생한 방식으로 상상할 때 우리는 이러한 정서를 느끼게 된다.

자본주의의 이론적 기초를 세운 애덤 스미스가 관찰한 인간의 천성은 이기적이지만은 않다는 것입니다. 그러나 후대 사람들은 그의 이론에서 이기적 동기를 가진 '경제적 인간'(homo economicus)의 측면만 취했습니다. 정작 애덤 스미스는 자신이 『도덕감정론』의 저자로 기억되기를 원했습니다. 결국 인간이란 경제적인 풍요로만 만족할 수 없는 존재, 서로 돕고 섬기는 삶을 통해 의미와 보람을 느끼는 존재라는 점이 확인됩니다.

여러분도 잘 알듯이 마더 테레사는 빈민과 병자, 고아들을 위해 평생 헌신한 분입니다. 빈민가에서 피고름을 흘리는 이들을 보살펴 주는 그녀를 보고 감탄한 사람이 이렇게 말했습니다. "백만 달러를 준다고 해도 나는 그런 일 못 하겠습니다"(I wouldn't do that for a million dollars). 그러자 마더 테레사가 "나도 못 합니다"(Neither would I)라고 대답했습니다. 억만금을 준다고 그런 일을 하겠습니까? 잠시 몸은 와 있을 수 있겠지만 헌신하고 섬기는 가운데 사랑과 기쁨으로 할 수가 없습니다. 억만금을 준다 해도 못 할 일을 감당하게 하시는 그리스도의 사랑이 있기에 오늘까지 복음의 역사가 이어지고 있고, 오늘의 교회가 있는 것입니다. 그 헌신의 역사 가운데 저와 여러분이 서 있습니다. 그 부르심의 영광과 특권에 마음 설레며, 그리스도의 능력 안에서 그 사명을 감당하는 우리가 되기를 주님의 이름으로 축원합니다.

3강
습관이 영성이다

다리오가 자기의 뜻대로 고관 백이십 명을 세워 전국을 통치하게 하고 또 그들 위에 총리 셋을 두었으니 다니엘이 그중의 하나이라. 이는 고관들로 총리에게 자기의 직무를 보고하게 하여 왕에게 손해가 없게 하려 함이었더라. 다니엘은 마음이 민첩하여 총리들과 고관들 위에 뛰어나므로 왕이 그를 세워 전국을 다스리게 하고자 한지라. 이에 총리들과 고관들이 국사에 대하여 다니엘을 고발할 근거를 찾고자 하였으나 아무 근거, 아무 허물도 찾지 못하였으니 이는 그가 충성되어 아무 그릇됨도 없고 아무 허물도 없음이었더라. 그들이 이르되 이 다니엘은 그 하나님의 율법에서 근거를 찾지 못하면 그를 고발할 수 없으리라 하고 이에 총리들과 고관들이 모여 왕에게 나아가서 그에게 말하되 다리오 왕이여, 만수무강 하옵소서. 나라의 모든 총리와 지사와 총독과 법관과 관원이 의논하고 왕에게 한 법률을 세우며 한 금령을 정하실 것을 구하나이다. 왕이여, 그것은 곧 이제부터 삼십일 동안에 누구든지 왕 외의 어떤 신에게나 사람에게 무엇을 구하면 사자 굴에 던져 넣기로 한 것이니이다. 그런즉 왕이여, 원하건대 금령을 세우시고 그 조서에 왕의 도장을 찍어 메대와 바사의 고치지 아니하는 규례를 따라 그것을 다시 고치지 못하게 하옵소서 하매 이에 다리오 왕이 조서에 왕의 도장을 찍어 금령을 내니라. 다니엘이 이 조서에 왕의 도장이 찍힌 것을 알고도 자기 집에 돌아가서는 윗방에 올라가 예루살렘으로 향한 창문을 열고 전에 하던 대로 하루 세 번씩 무릎을 꿇고 기도하며 그의 하나님께 감사하였더라.

다니엘 6:1-10

진리는 위험하다

저는 처음 미국에 갔을 때 혹시 영어 듣기에 도움이 될까 싶어 TV를 많이 봤습니다. 그때 보던 프로그램이 하나 기억납니다. 평범한 여성을 한 명 선발해 몇 주 동안 메이크업, 옷 입는 법, 매력 있게 걷고 행동하는 법 등을 가르칩니다. 각 분야 최고의 전문가들이 심혈을 기울여 '인간 개조'에 나서는 것입니다. 그 프로그램을 보면서 사람이 '거듭나는' 것이 가능하구나 하는 생각을 했습니다. 한 여성이 이 과정을 다 밟고 그 결과가 극적으로 공개되는데, 성대한 영화제에 슈퍼스타가 등장하는 장면 같습니다. 레드 카펫 위에 휘황찬란한 조명이 비치고 주인공이 리무진에서 내립니다. 우아한 미소, 도도한 걸음걸이까지 완벽하게 훈련했습니다. 그 프로그램 감독이 저기서 걸어오는 여성을 보고 말했습니다. "You are dangerous!" 저는 그때 알았습니다. 'dangerous'라는 말이 최고의 찬사구나! 'beautiful'이나 'awesome' 같은 말보다 훨씬 강도 높은 칭찬입니다.

앨리스터 맥그래스(Alister McGrath)는 『기독교, 그 위험한 사상의 역사』(Christianity's Dangerous Idea)라는 책을 썼습니다.[1] 이 제목처럼 개신교는 위협적인 존재로 출발했습니다. 중세라는 강고한 성채에 균열을 일으켰습니다. 초대 교회의 출발은 어떠했습니까? 위험했습니다. 그런데 그 위험한 복음을 우리는 제대로 간직하고, 전하고, 살아 내고 있습니까? 사람이 거듭나면 위험해집니다. 말씀대로 살려고 하면 삶의 기반이 흔들릴 수밖에 없습니다.

영성신학자 토마스 머튼(Thomas Merton)은 "성경을 읽는 것은 위험하다"고 했습니다. 그는 이런 예를 듭니다. 다윗이 밧세바를 범하고 그녀의 남편 우리아를 죽게 만든 일이 있은 후, 예언자 나단이 찾아와 그에게 가난한 자의 양을 빼앗은 부자 이야기를 들려주지요. 왕은 예언자의 이야기를 듣고 분노합니다. "여호와의 살아 계심을 두고 맹세하노니 이 일을 행한 그 사람은 마땅히 죽을 자라." 그때 나단이 뭐라고 합니까? "당신이 그 사람이라"(삼하 12:1-15). 이처럼 위험합니다. 듣다 보니 위험해집니다. 여러분, 편안히 살려면 하나님의 말씀을 듣지 않아야 합니다.

폴 틸리히의 『흔들리는 터전』(The Shaking of the Foundations)[2]은 20세기를 대표하는 설교라고 할 만합니다. 여기서 틸리히는 하나님의 말씀이 우리의 존재 기반을 흔들어 놓는다고 말합니다.

성경을 읽는 것, 예수를 만나는 것은 위험한 일입니다. 사도들은 배와 그물을 버려두고 예수를 따라나섰고, 삭개오는 지금까지 남을 속여 빼앗은 것을 몇 배로 배상해야 했습니다. 예수께서는 그분을 따라오려거든 "자기를 부인하고 자기 십자가를 지고 따를 것이니라"고 말씀하셨습니다(막 8:34). 오늘 우리가 배우고 가르치는 신학은 충분히 위험한가요? 어쩌면 우리는 이 시대에 적응(adaptation)해야 한다, 또는 적합성(relevance)을 가져야 한다는 이유로 우리 신학의 많은 에너지를 그 위험성을 깎아 내는 데, 날카로운 모서리를 둥그스름하게 만드는 데 쓰고 있지 않습니까? 신학의 많은 이론들이, 성서학의 많은 비평들이 성경의 이론적 배경이 얼마나 복잡하고 그 시대와 우리 시대가 얼마나 다른지를 지적하며 말씀대로 살지 않아도 되는 핑계를 만들어 내는 데 쓰이고 있습니다. 학문은 발달했지만 순종은 약해졌습니다. 머리가 복잡해지면서 말씀에 순종하는 단순성을 잃어버렸습니다.

소망과 소망의 대결

사도행전 16장은 빌립보에서 바울과 실라가 겪은 일에 대해 보도합니다.

> 여종의 주인들은 자기 수익의 소망[ἐλπίς, '엘피스']이 끊어진 것을 보고 바울과 실라를 붙잡아 장터로 관리들에게 끌어갔다가 상관들 앞에 데리고 가서 말하되 이 사람들이 유대인인데 우

리 성을 심히 요란하게 하여 로마 사람인 우리가 받지도 못하고 행하지도 못할 풍속을 전한다 하거늘(행 16:19-21).

본문에서 빌립보는 로마의 식민지라고 소개됩니다. 우리는 식민지를 수치스럽게 생각하지만, 당시 로마 식민지는 자랑이자 부러움의 대상이었습니다. 식민지 시민들은 로마 시민들이 가진 모든 특권을 누릴 수 있었기 때문입니다. 고린도 역시 식민지였고, 성경에 나오는 도시들 중 빌립보 외에도 여럿 있었습니다. 그런데 사도행전이 빌립보가 로마 식민지임을 굳이 밝히는 것은, 식민지들 중에서도 빌립보가 특별하다는 사실을 강조하는 것입니다. 주전 42년, 옥타비아누스가 공화정파와의 전쟁에서 승리한 후 로마의 영광과 '로만 드림'(Roman dream)을 보여주는 '쇼윈도' 도시로 만들겠다고 선언한 곳이 이 빌립보입니다. 그래서 빌립보는 모든 로마 식민지 중에서 가장 로마적 색채가 짙은, 헬라적 색채가 약하고 유대적 색채는 거의 없는 도시였습니다. 바울이 그 빌립보에 이르렀는데, 점치는 귀신 들린 여종 하나가 그를 계속 쫓아다니며 괴롭힙니다. 바울은 여러 날을 견디다 못해 여종에게서 귀신을 쫓아냅니다(그가 왜 견뎠는가 하는 것도 재미있는 질문입니다). 그 순간 빌립보에 큰 소란이 일어나고, 여종의 주인들이 손해를 봤다며 바울과 실라를 고소하고 옥에 가둡니다.

여종의 주인들의 고소 내용("자기 수익의 소망이 끊어진 것을 보고", 19절)에 나오는 "소망", 곧 '엘피스'는 분명히 사도행전 저자가 힘주어 쓰고 있는 의도적인 단어입니다. 왜냐하면 소망이라는 단어는 믿음, 사랑과 함께 당시 이미 기독교에서 중요한 용어가 되어 있었기 때문입니다. 사도행전 끝부분에서 바울은 자신이 로마로 압송되어 온 이유를 유대 지도자들에게 설명합니다. "이스라엘의 소망['엘피스']으로 말미암아 내가 이 쇠사슬에 매인 바 되었노라"(행 28:20). 바울은 이스라엘의 소망 때문에, 곧 하나님이 주신 소망 때문에 로마 죄수로 끌려오는 것도 마다하지 않는 삶을 살고 있다는 것입니다. 그것이 복음입니다. 즉, 이스라엘을 통해 하나님이 본래 하시고자 했던 일을 계속 이어 나가는 것이 복음이자 이스라엘의 소망이며, 그 다른 한쪽에는 로마의 소망이 있습니다.

여러분, 이 세상은 소망과 소망의 전쟁터입니다. 빌립보에서 옥타비아누스와 부루투스가 전투할 때 어떤 소망을 갖고 임했을까요? 전쟁에서 승리한 후 옥타비아누스는 자신의 병사들을 퇴역시켜 빌립보의 땅을 분할해 주었습니다. 여러분, 회사에서 어떤 프로젝트에 참여하여 성공하면 신도시 아파트를 한 채씩 준다고 해봅시다. 그 소망의 힘이 얼마나 대단할까요? 대통령 선거 때도 보십시오. "제가 대통령이 되면 이러이러한 나라를 만들겠습니다." 다른 쪽에서 소망과 소망이 전쟁하는 것입니다. 기업들 사이의 경쟁도 마찬가지입니다. '테크노피아'(technology utopia)의 약속도, 기업 마케팅에 쏟아붓는 막대한 돈 역시 소망을 불러일으키기 위한 싸움입니다. 우리는 소망들의 전쟁터를 살아가고 있습니다. 하나님이 우리에게 심어 주기 원하시는 소망이 강한가, 아니면 이 세상의 물질주의 문화가 약속하는 소망이 강한가?

우리는 선택해야 합니다. 그 선택에 따라 우리의 인생 방향이 정해집니다. 바울이 살던 로마 시대에 그러했고, 오늘 우리의 삶은 훨씬 더 치열한 전쟁터입니다.

21절("로마 사람인 우리가 받지도 못하고 행하지도 못할 풍속을 전한다 하거늘")의 "풍속"에 해당하는 헬라어 단어 '에쎄'는 여러분도 잘 아는 '에토스'(ἔθος)의 복수형입니다. '에토스'는 '윤리적 태도' 또는 '습관'을 뜻하고, 복수형은 '관습', '풍속' 등의 의미로 사용됩니다. 한 사회의 문화적 습속을 나타내는 총체적인 표현입니다. 바울 덕분에 귀신에게서 벗어난 여종은 생명을 얻고 온전한 사람이 되었습니다. 그런데 이런 행동이 로마 사람들이 받지도 행하지도 못하는, 로마 사회를 흔들어 놓을 '에쎄'라는 것입니다. 왜냐하면 그 여종이 노예였기 때문입니다. 로마 사회에서 가장 강력한 권리는 황제의 권리가 아니라 노예를 지배하는 주인의 권리였습니다. 그것이 '퀴리오스'입니다. 대개 '퀴리오스'를 정치적으로 오직 황제에게만 사용하는 용어로 여기곤 하는데, 사실은 그렇지 않습니다. 당시에 많은 '퀴리오스'가 있었습니다. 신들을 '퀴리오스'라 부르기도 했고(고전 8:5), 아내가 남편을 '퀴리오스'라 부르기도 했습니다(벧전 3:5).

로마인들이 '퀴리오스'라는 말을 사용할 때 가장 중요한 관계는 노예와 주인의 관계입니다. 빌립보서 2장을 보면, 예수께서 "종의 형체"를 가지셨다고 말합니다. 역사적 예수는 노예가 아니라 자유인이었습니다. 즉, 예수께서 마침내 '퀴리오스'로 등극하셨다고 선포하기 위해 의도적으로 대비시키는 개념이 노예입니다. 다시 말해, 예수를 '퀴리오스'라고 부를 때 가장 중요한 반대 개념은 황제의 권력 아래 있는 백성이 아니라 주인 아래 있는 노예인 것입니다. 로마 사회를 지탱해 온 가장 중요한 가치, 곧 '에토스'는 가부장으로서 노예 주인의 경제적 권리를 지켜 주는 것이었습니다. 당시 로마법은 매우 발달해 있었는데, 그 법체계를 살펴보면 가장 중요한 목표가 로마 사회의 근간을 이루는 '퀴리오스', 곧 가부장의 권리를 보장하는 것입니다. 즉, 아내에 대한 남편의 권리, 특히 노예에 대한 주인의 권리를 보장하는 것입니다. 그것이 로마법의 가장 중요한 기반이며, 로마 사회의 핵심적인 가치였습니다.

그런데 바울은 왜 여종 때문에 괴로워하면서도 여러 날을 견뎠을까요? 바울은 성질이 급한 사람이었습니다. 귀신 들린 사람이 있으면 보자마자 귀신더러 "나가라!" 하는 게 보통이었을 것입니다. 바울이 견뎠다는 것은, 자신이 로마색이 매우 강한 도시에 들어왔고 이 여종을 잘못 건드렸다가는 큰일 날 것을 알았다는 말입니다. 여러분, 우리가 신앙생활을 하고 사역하는 모든 사회가 이처럼 복잡한 사회적·경제적 질서와 기득권에 포위되어 있다는 것을 알아야 합니다. 우리는 그 안에서 사역합니다. 사회가 어떻게 변화해야 한다는 이상은 필요하지만, 그대로 적용되기 힘든 복잡한 상황들을 만나게 됩니다. 여종의 주인들의 고소 내용을 보면, 자신들이 손해를 입었다고 청구서를 내미는 게 아니라, 바울과 같은 자를 용납하면 우리의 '에쎄', 곧 로마 사람의 풍속이, 나아가 로마 사회의 근간이 무너질 것이라고 주장합니다. 이는 대단히 중요한 사실입니다. 이 세상에서 소망과 소망이 전쟁을 한다고 했는데, 이 전쟁은 눈에 잘 보이지 않습니다. 우리 내면에서 일어나는 전쟁이기 때문입니다. 우리가 어떤 소망을 가졌는가는 그 삶의 방식(life style)에서 드러납니다. 겉으로는 '라이프 스타일', 곧 '에토스'와 '에토스'의 전쟁이 눈에 보입니다.

> 너희 마음에 그리스도를 주로 삼아 거룩하게 하고 너희 속에 있
> 는 소망에 관한 이유를 묻는 자에게는 대답할 것을 항상 준비하
> 되 온유와 두려움으로 하고(벧전 3:15).

이 말씀에서 선명하게 드러납니다. 그리스도를 "주['퀴리오스']로 삼아" 살면 다른 소망을 갖게 되고, 그 소망을 가진 이들은 다른 삶을 살게 됩니다. 그 '에토스'가 눈에 보일 때 전도의 기회가 열립니다. 물론 다른 삶의 길을 받아들이지 않고, 비난하고 핍박하는 이들이 있는 것은 당연합니다. 말씀대로 사는 것이 위험하다는 것을 아는 눈치 빠른 이들입니다. 예수께서 십자가에 못 박히셨고, 베드로와 바울 등 많은 사도들이 정치권력에 의해 희생된 것을 단순히 오해 때문이라고 생각해서는 안 됩니다. 기독교 복음 안에 이 세상의 터전을 흔드는 어떤 위험성이 있다는 것을 그들이 감지했기 때문입니다.

그리스도인들이 말씀을 듣고 그 말씀대로 살아가려는 결단의 핵심에는, 그리스도께서 다스리시는 하나님 나라에 대한 질긴 소망이 있습니다. 오늘 우리가 함께 부른 복음성가 "꽃들도"

처럼, 지금 눈으로는 아무런 소망이 보이지 않는 눈물 골짜기에서 소망을 고백하고 노래할 수 있다면, 바로 그 소망이 세상 사람들과 다르게 살 수 있는 힘이 되는 것입니다.

진리가 발효될 때 일어나는 일

미국의 교회사가인 앨런 크라이더(Alan Kreider)는 『초기 교회와 인내의 발효』[3]라는 책을 썼습니다. 이 책에서 다루는 아우구스티누스에 대한 이해나, 그 신학적 방향에 대해 전체적으로 동의하기는 힘듭니다. 그러나 이 책의 요점은 중요합니다. 초대 교회가 어떻게 세상과 다른 삶을 살아 냈고, 어떻게 해서 마침내 로마 제국을 이길 수 있었는가? 이 책은 '아비투스'(habitus)라는 개념을 제시합니다. 이것은 프랑스 철학자 부르디외(Pierre Bourdieu)가 처음 제시한 개념으로, "사회적·문화적 환경에 의해 결정되는 제2의 본성, 곧 타고난 본성이 아닌 제2의 본성으로서 타인과 나를 구별 짓는 취향이나 습관, 아우라"를 가리킵니다. 말하자면, 어떤 사람이 '금수저' 집안 출신인데 자랑하고 싶으면 어떻게 합니까? 그저 비싼 옷을 입고 고급차를 타는 것으로 부족합니다. 내가 사회 상층부 출신이라는 고상한 분위기를 풍겨야 합니다. 예를 들어, 클래식 음악에 취미를 갖는 것이지요. 티켓 한 장에 수십만 원 하는 클래식 공연에 가는 것 자체를 자랑합니다. 한때 우리나라에 '와인 붐'이 일어나 값비싼 와인이 엄청나게 팔렸는데, 어느 기사를 보니 와인 마니아들을 대상으로 블라인드 시음 테스트를 하면 값비싼 와인과 저렴한 와인을 구분하는 사람이 거의 없다고 합니다. 이러한 취향 자체가 '아비투스'가 되는 것입니다. 고상하고 멋있는 척해야 인정받는다는 생각이지요.

우리나라에 처음 선교사들이 들어와서 서양 문물이 전파되기 시작할 때, 선교사들이 운동을 해야 하는데 마땅한 곳이 없어 답답해했습니다. 결국 고종 황제의 허락을 받아 궁궐에 새끼줄을 쳐 놓고 테니스장을 만들었습니다. 오랜만에 운동을 하니까 얼마나 좋았겠습니까? 그들이 땀을 뻘뻘 흘리며 즐겁게 테니스를 치고 있는데, 고종 황제가 지나가다가 그 모습을 보고는 "아니, 그렇게 힘든 일이면 하인들이나 시키지 왜 직접 하고 계시냐"고 말했다는 것입니다. 운동이 필수적이고 멋진 일이라고 여기는 '아비투스'와 그런 일은 하인들이나 하는 것이라고 여기는 '아비투스'가 정면으로 대비되는 장면입니다. 조선 시대 양반들에게 땀을 뻘뻘 흘리며 운동하는 기쁨을 어떻게 설명하겠습니까? 어떤 가치관이나 라이프 스타일을 말로 설명하고 설득하는 것은 대단히 어렵습니다.

> 너희 중에는 그렇지 않을지니 너희 중에 누구든지 크고자 하는 자는 너희를 섬기는 자가 되고(막 10:43).

예수께서는 말씀만 하신 게 아니라 몸소 제자들의 발을 씻어 주셨습니다. 그리고 그분이 잡혀 돌아가시기 전날 밤에 그들을 씻기셨다는 사실이 매우 중요합니다. 여기에 온 세상을 향한, 세상의 숱한 문제들에 대한 그리스도의 대답이 담겨 있습니다. 소망을 묻는 이들에게 로마 제국은 신도시의 땅과 집을 보장하고, 로마법으로 가부장의 재산권이 보호되는 사회를 약속했습니다. 그러나 예수께서는 몸소 섬기는 모습을 보이시고 자신을 본받으라고 하셨으며, 그 몸까지 우리에게 주셨습니다. 그분이 보이신 소망은 십자가의 사랑을 받은 이들이 서로 사랑하며 몸으로 섬기는 공동체에 있습니다.

제임스 스미스(James K. A. Smith)가 『습관이 영성이다』⁴라는 책을 썼습니다. 이 책의 원제는 "You Are What You Love"(당신이 사랑하는 것이 당신이다)입니다. 이것은 "You are what you know"(당신이 아는 것이 당신이다)라는 명제의 안티테제입니다. 데카르트는 "나는 생각한다. 고로 나는 존재한다"(Cogito, ergo sum)라고 말했습니다. 생각하는 능력과 지식을 인간의 가장 중요한 정체성으로 본 것입니다. 그렇다면 지식이 바뀌면 사람이 바뀌어야 합니다. 그러나 지식으로 사람이 바뀌지 않더라는 경험이 많습니다. 다이어트를 하는데, 어떤 음식을 먹으면 안 되는지 압니다. 그런데 어떻게 합니까? 자기가 좋아하는 음식을 택합니다. 결국 사람은 자신이 사랑하는 쪽으로 향하게 되어 있습니다.

지식으로 사람을 바꿀 수 있다면, 세상을 바꾸기 위해 진리를 가르치면 됩니다. 사람들이 몰라서 그렇지 진리를 알면 자기 행동을 바꿀 것이라는 생각이지요. 문맹률이 높고 윤리적 삶에 대한 인식이 일천하던 시절에 많은 선각자들이 계몽에 힘썼습니다. 사람들이 무지함에서 깨어나면 세상이 밝아질 것이라는 믿음이 있었습니다. 지금은 거의 모두 글을 읽을 줄 알고 대학 교육을 받은 사람이 다수가 되었습니다. 그런데도 사회의 많은 문제들이 해결되지 않고 있습니다.

현대 철학과 현대 신학 전체가 이 주지주의(intellectualism)에 기반을 두고 있다는 점을 지적해야 하겠습니다. 그러나 인간의 삶을 결정하는 가장 중요한 질서는 사랑의 질서입니다. "You are what you know"가 아니라 "You are what you love"입니다. 무엇을 더 사랑하는가에 따라 내 시간과 열정을 어떻게 바칠지가 결정됩니다. 믿음은 사랑의 질서를 재편하는 일이라 할 수 있습니다. 하나님 사랑과 이웃 사랑이 신앙생활의 전부인 것입니다. "너희는 먼저 그의 나라와 그의 의를 구하라"(마 6:33)는 명령 역시 우리 사랑의 우선순위에 하나님이 있어야 한다는 말입니다.

습관이 바뀌면 사람이 바뀐다

고장 난 사랑의 질서가 어떻게 재편될 수 있을까요? 사랑을 이론적으로 배운다거나 사랑하겠다는 다짐만으로 부족하다, 습관이 바뀌어야 한다는 것이 제임스 스미스가 말하는 핵심입니다. 그래서 이 책의 한국어판 제목이 "습관이 영성이다"입니다.

인간의 몸에 밴 기억은 대단히 강력합니다. 어떤 사람이 기억상실증에 걸려 자기 아내를 알아보지 못할 지경에 이르러도, 원래 수영하던 사람이라면 수영을 할 수 있습니다. 자기 이름은 몰라도 자전거는 탈 수 있고, 피아노를 배운 사람은 피아노 연주도 할 수 있습니다. 자기가 누군지 머리는 잊어버려도 몸은 기억하고 있다는 것입니다. 이 원리는 정치적으로 활용되기도 합니다. 전체주의는 몸을 통제합니다. 군대에 들어가면 가장 먼저 하는 것이 제식 훈련입니다. 총부터 쏘는 게 아닙니다. "앞으로 가, 제자리에 서, 차려, 열중쉬어, 우향우" 등의 동작만 계속 시킵니다. 이 과정을 통해 '군인의 몸'이 됩니다. 국민 체조의 경우도 국민을 모두 한 가지 틀에 맞추어 근대적인 몸을 만드는 도구라 할수 있습니다. 제시간에 맞추어 출근하게 하는 것도 마찬가지입니다. 아마 여러분 중에 직장을 다니다가 신대원에 들어온 분도 있을 것입니다. 어떻습니까? 회사에서 세 시간 일하는 게 힘든가요, 여기 와서 세 시간 앉아 공부하는 게 힘든가요? 세 시간 공부하는 게 더 힘들지요. 공부하려면 공부하는 몸이 되어야 합니다. 제식 훈련으로 군인의 몸을 만들 듯이요.

몇 해 전, 코로나19 사태 초기에 신천지에서 집단 감염이 일어나 바이러스가 전국적으로 확산된 일이 있었지요. 그때 신천지 집회 장면이 언론을 통해 보도되었는데, 신도들이 똑같은 옷을 입고 그 넓은 강당 바닥에 줄을 딱 맞춰 앉아 있는 모습을 보고 제가 놀랐습니다. 그런 것이 몸에 밴 질서입니다. 물론 이단이고 전체주의적 종교이기는 하지만요. 그만큼 사람들의 몸을 통제한다는 것은 의식을 통제한다는 것입니다. 몸이 바뀌면 의식이 바뀝니다. 생각이 바뀐다고 의식이 바뀌는 게 아닙니다. 그래서 습관이 중요합니다.

예수께서 나가사 습관을 따라 감람산에 가시매 제자들도 따라
갔더니(눅 22:39).

우리는 어릴 때부터 "습관적인 신앙생활을 하지 마라"는 말
을 많이 들어서 습관적인 신앙생활이 나쁜 것인 줄 압니다. 그런
데 성경을 보니 예수께서는 습관적으로 기도하셨습니다. 여러
분, 습관적 신앙이 좋은 신앙입니다. 운동하는 습관이 얼마나 중
요합니까? 마음의 습관도 있습니다. 의심하는 습관, 낙심하는 습
관, 짜증내는 습관, 속단하는 습관 등이지요. 반면에 감사하는 습
관, 속단하지 않고 차분히 기다리는 습관, 친절하게 말하는 습관
도 있습니다. 습관적 신앙을 벗어나라는 것은 아무 생각 없이, 아
무 기대 없이 예배에 몸만 와서 앉아 딴생각하다 가는 경우를 말
합니다. 딴생각 말고 그 이상을 목표로 하자는 것입니다. 그런데
여러분, 목회를 해보면 압니다. 교회에 와서 딴생각하더라도 안
오는 것보다 낫습니다. 예를 들어 여러분이 부모님을 찾아뵐 때
마다 마음과 정성을 다하면 좋겠지만, 가기 싫을 때도 있고 짜증
날 때도 있을 것입니다. 그럴 때도 안 가는 것보다 가는 게 낫습
니다. 습관적으로, 정기적으로 부모님을 뵈러 가야 합니다. 내 마
음이 좋을 때만 가는 게 아닙니다. 예배도 마찬가지입니다.

다니엘이 이 조서에 왕의 도장이 찍힌 것을 알고도 자기 집에
돌아가서는 윗방에 올라가 예루살렘으로 향한 창문을 열고 전
에 하던 대로 하루 세 번씩 무릎을 꿇고 기도하며 그의 하나님

께 감사하였더라(단 6:10).

　우리는 모두 이 다니엘과 같은 멋진 승리를 원합니다. 사자 굴에서 어떻게 승리할 수 있습니까? 사자와 어떻게 싸웁니까? 아니, 싸울 필요 없습니다. 다니엘에게서 승부가 결정 난 것은 사자 굴이 아니라 기도의 자리입니다. 단순히 한 번의 기도나 위기가 닥쳤을 때 간절한 기도가 아니라, 매일 세 번씩 기도하던 습관이 승리의 비결이었습니다.

　코로나19 사태 때 교회 문이 닫혔습니다. 그때 저는 예루살렘 성전이 무너졌던 바벨론 포로기를 많이 생각했습니다. '지금 이런 상황 속에서 어떻게 우리의 신앙을 지킬 수 있을까?' 제가 깨달은 것은, 교회 건물이 없어져도 신자들에게 기도하고 예배하는 습관, 말씀을 읽고 하나님을 찾는 습관이 있다면 교회는 살아남는다는 사실입니다. 그동안 우리는 교회를 지나치게 '하드웨어' 중심으로 생각했습니다. 물론 교회 건물도 중요합니다. 그러나 멋진 교회 건물이 있어도 예배하지 않으면 소용없습니다. 예배하는 습관이 없으면 아무 소용없습니다. 여러분, 교회 건물이 다 무너져도 들판에서라도 기도하고 예배하는 사람이 있다면, 그런 습관을 유지하는 사람이 있다면 그 교회는 희망이 있습니다.

　다니엘을 사자 굴에 밀어 넣은 것은 사람들이었습니다. 사람이 짐승보다 더 흉악할 수 있습니다. 여러분은 교회 안에 있으니 경험할 일이 없을지 모르지만, 여러분이 앞으로 목회의 장에서 만날 사람들은 세상이 전쟁터라고 말할 것입니다. 여러분, 사람들이 사자 굴보다 더 무서운 곳에서 살아가고 있다는 사실을 알고 목회해야 합니다. 물론 교회 안에도 개교회주의, 교단 정치 등을 보면 추악한 일이 정말 많습니다. 다니엘은 그 흉악한 무리들 틈에 살면서도 기도의 습관이 있었기 때문에 승리할 수 있었습니다. 다니엘은 사자와 싸우려 하지 않았습니다. 다니엘의 싸움은 따로 있었습니다. 그는 "악에게 지지 말고 선으로 악을 이기라"(롬 12:21)는 말씀의 좋은 예입니다.

내 안에 있는 싸움

다니엘서 전반부에서는 사자 굴에 던져진 다니엘, 풀무불 속의 세 친구 등 극적인 이야기가 전개되는데, 후반부를 보면 네 짐승의 환상이 나오는 등 요한계시록과 거의 비슷한 묵시록입니다. 달리 말해, 다니엘서 전반부는 세상, 곧 바벨론에 고개를 숙이고 들어가서 참여하는 신학을 말합니다. 그리고 후반부는 이 바벨론과 세상 권력을 짐승으로 규정하면서 매우 강력한 이원론을 말합니다. 성경 안에는 선과 악을 정확하게 구분하는 이원론적 사고가 있는 것이 사실입니다. 그러나 성경이 이원론적 세계관을 부분적으로 수용하면서도 그 이원론에 갇히지 않을 수 있는 것은, 그 거대한 우주적인 싸움, 곧 선과 악의 싸움, 하나님과 사탄의 싸움을 내 안으로 가져오기 때문입니다. 이 세상은 소망과 소망의 전쟁터라고 했습니다. 그 전쟁이 어디서 벌어지고 있습니까? 바로 내 안에 이스라엘의 소망과 로마의 소망이, 하나님 나라의 소망과 자본주의의 욕망이 같이 들어와 싸우고 있습니다. 내 안에 선과 악이 모두 들어와 있습니다.

러시아의 문호 솔제니친이 이런 말을 했습니다. "선과 악을 구분하는 선(line)은 어떤 이념이나 피부 색깔이나 국가에 있는 것이 아니다." 즉, 소련은 악이고 미국은 선이라는 구분은 허상이라는 것입니다. 선과 악을 구분하는 선은 모든 개인을 관통하고 있습니다. 여러분, 다시 한번 말합니다. 이원론적인 악, 물리치고 극복해야 할 악의 존재를 성경이 말하고 있고 그런 이원론적 요소가 이 세상에 분명히 있음에도 성경이 이원론의 세계로 빠지지 않을 수 있었던 것은, 그 싸움을 무시한 게 아니라 그 싸움을 내 안으로 가져왔기 때문입니다.

> 그러므로 내가 한 법을 깨달았노니 곧 선을 행하기 원하는 나에게 악이 함께 있는 것이로다(롬 7:21).

로마서 7장을 보면, 인간의 내면에서 벌어지는 싸움이 절절하게 묘사됩니다. 내가 선을 행하기 원하지만 그런 나에게 악이 붙어 있습니다. 다니엘에게 세 가지 싸움, 곧 우주적 전쟁, 궁정의 정치 투쟁, 그리고 마음속 전쟁이 있었다는 것을 잊어서는 안 됩니다. 그리스도가 주(Lord)시라는 세계관적 고백이 구체적인 정치적·사회적 질서 속에서 어떻게 나타나는가와 함께 정말 중요한 것은 내 안의 전쟁을 싸워 내는 것입니다. 다니엘의 싸움은 악한 자들과 법적 투쟁을 하는 것도 아니고, 짐승 같은 권력에 맞서는 것도 아니며, 바로 자기 내면에서 약해지는 자신과 싸우는 것입니다. 기도하기 위해 목숨을 내놓아야 함을 "알고도"(단 6:10) 무릎을 꿇는 그 싸움이 다니엘의 싸움이었습니다. 바울이 가이사 법정에서의 재판을 앞두고, 빌립보 교인들에게 자신의 심경을 전하며 기도를 부탁하는 대목을 보십시오.

> 나의 간절한 기대와 소망을 따라 아무 일에든지 부끄러워하지 아니하고 지금도 전과 같이 온전히 담대하여 살든지 죽든지 내 몸에서 그리스도가 존귀하게 되게 하려 하나니. 이는 내게 사는 것이 그리스도니 죽는 것도 유익함이라(빌 1:20-21).

법정의 결정으로 죽느냐 사느냐 하는 것보다, 어느 쪽으로 결정되든지 그리스도를 존귀하게 하는 것이 바울의 관심입니다. 이는 한 인간으로서 자신의 온전성(integrity)을 유지할 수 있는지, 또한 자신이 믿고 고백하고 설교한 대로 살고 죽을 수 있는지에 대한 싸움입니다. 바울은 법정이 아닌 자신의 내면에서 벌어지는 이 싸움에서의 승리를 그의 인생을 완성하는 순간이라고 보았습니다.

다니엘이 그런 싸움을 기꺼이 치를 자세가 되어 있었기 때문에, 성전이 파괴되고 바벨론 포로로 끌려가서도 백성들의 기도하는 습관이 무너지지 않았기 때문에 이스라엘의 신앙은 건재했던 것입니다. 이스라엘을 정복하고 포로로 삼았던 앗시리아가 어디 있습니까? 바벨론이 어디 있습니까? 다 사라지고 없습니다. 그러나 이스라엘이 전한 신앙은 아직까지도 우리에게 남아 내려오고 있습니다. 내면의 전쟁에서 승리했기 때문입니다. 목숨 걸고 지키고 싶은 가치로, 습관으로 자리 잡았기 때문입니다.

여러분, 신학 공부도 중요하지만 목회는 시대와 호흡하는 것이기 때문에 어떤 책이 베스트셀러가 되고 있는지 눈여겨볼 필요가 있습니다. 요즘 인기를 끄는 책들 중에는 습관에 대한 연구가 많습니다. 습관 형성을 돕는 앱이나 습관과 관련된 동호회도 많이 생기고 있습니다. '좋은 습관의 연쇄적 반응'이라는 이론이 있습니다. 좋은 습관이 하나 생기면, 그것이 꼬리에 꼬리를 물고 다른 좋은 습관으로 연결된다는 것입니다. 예를 들어, 아침 일찍 일어나서 운동하면 몸이 좋아지고, 그에 따라 음식도 조심하게 됩니다. 그러면서 몸에 좋은 음식을 챙겨 먹는 습관이 생기고, 공부할 때 집중도 좀 더 잘되고, 시간도 아껴 쓰게 되며, 업무 효율도 좋아집니다.

특별히 기도의 습관은 삶 전체에 영향을 미칩니다. 시간을 정해서 하나님과 교제하고 기도하는 습관을 가지면, 예전에는 화부터 내거나 당황하고 우왕좌왕할 만한 일에도 침착하게 반응하는 자신을 볼 수 있을 것입니다. 기도 응답은 기도의 자리에 앉아서만 이루어지는 게 아닙니다. 하나님의 음성을 듣고자 평소에 꾸준히 기도하다 보면 어느 순간 갑자기, 산책할 때나 설거지할 때나 길을 걸을 때도 응답받을 수 있습니다. 뭔가를 갑자기 깨닫게 되는 순간이 있듯이 말입니다. 습관이 하나님의 음성을 듣는 마음을 가꾸어 냅니다.

습관이 지속되면 마음이 변합니다. 소년원에서는 아이들에게 직업 재활 교육을 시킵니다. 목공, 컴퓨터 등 많은 분야를 가르치는데, 잘 배우고 나가도 다시 범죄를 저질러 돌아오는 경우가 적지 않습니다. 그런데 특히 재범률이 낮은 업종이 있다고 합니다. 제빵입니다. 목공이나 컴퓨터는 일하다가 시간이 없으면 멈췄다 다시 하거나 천천히 할 수도 있지만, 제빵은 그럴 수 없습니다. 아침에 빵을 내리려면 새벽 5시에 일어나서 빵 반죽을 만들어야 하고, 또 두 시간을 기다렸다가 오븐에 구워야 합니다. 시간을 정확하게 맞춰 가면서 빵의 리듬에 따라야 합니다. 그러다 보면 성실함이 몸에 배어 재범률이 낮아지게 된다는 것입니다. 놀랍지 않습니까? 습관이 그만큼 중요합니다.

우리는 영적인 습관을 들여야 합니다. "너희는 가만히 있어 내가 하나님 됨을 알지어다"(시 46:10). 즉, 내 마음을 가만히 두는 훈련, 하나님만 의지하고 바라보는 훈련을 정기적으로 해야 합니다. 매우 중요한 삶의 습관입니다. 먼저 조용한 시간과 장소를 마련하여 하나님을 만나는 것이 필요합니다. 물론 그러기 쉽지 않은 삶을 우리가 살아가고 있습니다. 그러나 기억하십시오. "너희는 가만히 있어." 이는 전쟁 상황에서 주어진 말씀입니다. 화살이 날아다니고 창이 부딪히는 극한 상황 속에서도 우리가 가만히 하나님만 바라보고 마음을 고요하게 하는 습관을 가질 수 있다면, 이 시편이 말하듯이 하나님의 살아 계심을 알게 될 것입니다. 다시 다니엘 6:10을 보겠습니다.

예루살렘으로 향한 창문을 열고 전에 하던 대로 하루 세 번씩 무릎을 꿇고 기도하며 그의 하나님께 감사하였더라.

무릎 꿇는 몸의 습관, 그리고 이런 상황에도 감사하는 마음의 습관, 둘 중에 무엇이 더 어려울까요? 혹은 무엇이 더 쉽습니까? 무릎 꿇는 게 쉽지요. 마음은 내 마음대로 안 됩니다. 20세기 초, 불꽃같은 삶을 살다 가신 이용도 목사님의 「마음을 붙잡아 주십시오」라는 시입니다.

주여, 글쎄 이를 어찌하나요
마음을 결심의 띠로 꽁꽁 묶어
주님의 제단에 바치고 정성스레 들어 올리노라면
어느덧 묶였던 띠가 끊어지고
모았던 마음이 산산이 풀어져
이 바람 저 바람에 날리고 마니
글쎄 이를 어떻게 하면 좋습니까?

얼마 후에는
또 흩어진 마음을 집어 모으느라고
눈물을 짜면서 애를 박박 쓰곤 하니,
주님의 제단에 한 번도 알뜰한 제물을 바쳐 보지 못하고
밤낮 이 짓만 하다가
서산에 해가 떨어져 버리고 말면

어찌합니까, 주님이시여!

지극한 갈망과 처절한 몸부림에 고개가 숙여집니다. 갈망의 정도는 다를지라도, 하나님께 마음을 다하여 기도해 본 사람이라면 누구나 하게 되는 탄식일 것입니다. 마음은 이렇게 움직이기 힘듭니다. 그래도 몸은 내 마음대로 움직일 수 있을 때가 많지요. 제가 미국에서 목회할 때 우리 교회 집사님 중에 영어가 편하고 우리말은 좀 어려워하는 분이 계셨습니다. 우리 교회에 와서 적응하느라 꽤 고생하셨어요. 이 집사님이 언젠가 그랬습니다. 찬양할 때 손을 들고 열정적으로 하는 분들이 부러운데 자기는 그게 잘 안 되더라는 거예요. 왜 그럴까 고민하다가 어느 순간 그런 생각이 들었다고 합니다. '그냥 들면 되지. 내 손은 내 머리가 명령하면 따르잖아.' 그래서 손을 들고 찬양하니 얼마 지나지 않아 전에 없던 평화와 감사가 밀려왔다는 것입니다. 찬양에 집중하는 것은 내 마음대로 안 될 수 있지만, 손을 드는 것은 내 마음대로 할 수 있습니다. 내가 움직일 수 있는 것은 움직이고, 하나님이 하실 일을 기다리는 것입니다. 그러면 하나님께서 우리의 마음에 감사와 평안을 주십니다. 그렇게 우리는 기도를 배워 갑니다. 몸의 습관이 감사의 마음을 이끌어 냅니다.

반복할 가치가 있는 진리

알랭 드 보통(Alain de Botton)이라는 철학자가 있습니다. 특이하게도 무신론자이면서 기독교를 매우 높게 평가하며, 『무신론자를 위한 종교』[5]라는 책을 쓰기도 했습니다. 이 책에서 그는 기독교의 탁월성을 설명하면서 반복을 부끄러워하지 않는다는 점을 듭니다. 기독교는 해마다 사순절이나 대림절 등 절기를 지킵니다. 매년 성금요일마다 슬퍼하고, 부활절이 되면 기뻐하는 일을 계속 반복합니다. 그래서 기독교가 촌스럽다고 생각하는 게 세상 철학자들입니다. 하지만 그들은 무엇을 말해도 뿌리를 잘 내리지 못합니다. 이런 말을 했다가 다른 주제가 좀 흥미로워 보이면 다들 그쪽으로 옮겨 가서 이야기하고, 또 시들해지면 다른 이야기를 하고 있습니다. 아이들이 장난감에 싫증 내는 것과 비슷합니다. 반면에 기독교는 2천 년 동안 해마다 똑같은 일을 되풀이합니다. 그것이 강점이라는 말을 목사들이 아니라 무신론 철학자가 하고 있기 때문에 귀 기울일 만합니다. 반복을 부끄러워하지 않는 뻔뻔함이라고 할까요? 그래서 예수의 이야기가 우리 삶의 중심에 자리 잡을 수 있는 것입니다.

중요한 것이 있으면 반복해야 합니다. 반복할 때 그것이 몸에 새겨지고, 몸에 새겨진 것이 마음에 새겨지며, 이 일을 공동체가 함께할 때 문화가 됩니다. 갈라디아서 1:13을 읽겠습니다.

내가 이전에 유대교에 있을 때에 행한 일을 너희가 들었거니와 하나님의 교회를 심히 박해하여 멸하고.

여기서 "행한 일"이라는 말의 번역이 좀 아쉽습니다. 이 말의 원문은 '아나스트로페'(ἀναστροφή)이며, 삶의 양식(way of life)을 가리킵니다. 그저 한두 번의 행동이 아니라 총체적 삶의 양식을 말합니다. 고대 철학의 유파들에는 나름의 '도그마'(dogma)가 있었고, 꼭 익혀야 하는 중심되는 저작 '카논'(canon)과 그 가르침을 따르는 삶의 양식으로서 '아나스트로페'가 있었습니다. 스토아 철학자가 에피큐리언(epicurean)이 되면 생각만 바뀌는 게 아니라 삶의 양식이 바뀝니다. 어떻게 살아가는가? 무엇을 먹는가? 사람들과 만나서 무슨 이야기를 하는가? 철학은 삶의 양식을 포괄합니다. 그런 점에서 초기 기독교는 고대 철학과 유사한 점이 많았습니다.[6] "너희는 유혹의 욕심을 따라 썩어져 가는 구습을 따르는 옛사람을 벗어 버리고"(엡 4:22). 여기서 구습으로 번역된 말은 '프로테로스(옛) 아나스트로페'입니다. 그리스도를 믿는 것은 '아나스트로페', 곧 라이프 스타일이 바뀌는 것입니다.

기독교의 라이프 스타일과 로마의 라이프 스타일이 정면으로 부딪히는 장면이 사도행전 16장에 나옵니다. 그 때문에 바울이 빌립보에 도착했을 때 점치는 귀신 들린 여종이 그를 계속 쫓아다니면서 괴롭혀도 며칠을 기다렸던 것입니다. 그 긴장 상태가 만만치 않았다는 말이지요. 바울의 이러한 태도에는, 로마인들을 향해 자신이 로마를 대적하거나 로마의 질서를 의도적으로 흔들려는 위험한 사람이 아니라고 호소하는 변증적 목적이 있다고 보는 학자들이 많습니다. 황제를 권좌에서 끌어내리거나 로마의 질서를 위태롭게 할 사람이 아님을 증명하면서 기독교를 변호하려는 의도가 사도행전 전체의 중요한 신학적 노선이라는 것입니다. 즉, 변증 중에서도 정치적 변증(political apologetic)이라고 할 수 있습니다. 저는 과연 그럴까 하는 의문을 제기하고 싶습니다.

최근에 포항의 어느 식당에 가서 이러한 문구가 붙어 있는 것을 보았습니다. "아끼면 망한다." 식당 홀 안에 손님들 있는 곳에 그런 문구를 써 붙였으면 누구 보라는 걸까요? 손님들 보라는 걸까요? 종업원들 보라는 걸까요? 종업원들 보라는 것 같지만 실제로는 손님들 보라고 붙여 놓은 것입니다. 누구 보라고 이 문구를 써 붙였는가? 이런 질문을 '해석학적 질문'이라고 합니다. 사도행전이 변증이라면, 누구를 향해서 이런 변증을 했을까요? 당시 로마 황제나 황제의 신하들, 관리들이 사도행전을 펴서 읽고는 "아, 괜찮은 사람들이구나. 잘 봐줘야겠다"라고 했을까요? 저는 그랬을 것이라고 생각하지 않습니다. 그들이 사도행전을 읽어 봤을 가능성도 별로 없고, 그렇게 썼다고 해서 속지도 않았을 것입니다. 변증이라면 내부를 향한 변증입니다. 내부를 향한 정치적 변증입니다. 다시 말해, 교회의 정치적 태도 형성을 위한 하나의 지침입니다. 바울이 로마의 가부장적 경제 질서에 도전하는 위험한 사람이 아니라는 주장은 분명히 이 안에 숨어 있습니다. 그러나 어쨌든 바울이 그 여종에게서 귀신을 쫓아냈습니다. 창조 질서가 회복된 감사한 일이지요. 그런데 이 일을 로마인들이 기뻐하지 못할 뿐 아니라 로마 체제에 대한 도전으로 받아들인다면, 그들에게 문제가 있는 게 아닐까요? 사도행전이 정말 하고 싶은 이야기는 그런 로마의 에토스에 문제가 있다는 것입니다.

그러나 초대 교인들은 불의한 권력을 타도하거나 무력으로 악을 박멸하겠다고 나서지는 않았습니다. 2015년에 제가 페이스북에 올린 글을 나눕니다.

사랑하는 여러분, 무언가를 반대하는 것을 삶의 목표로 삼지 마십시오. 반공이든, 반이슬람이든, 반동성애든, 무언가를 반대하고 미워하는 것이 여러분의 정체성을 규명해 준다는 착각에서 벗어나야 합니다. 그것이 반독재이든, 타락한 제도 교회에 대한 반대이든 마찬가지입니다. 비판할 것은 비판하고, 싸울 때는 싸워야 합니다. 그러나 무언가를 미워하고 무너뜨리고 싶은 그 마음이 내가 누구인가를 규명하게 하지 마십시오.

다만 무엇을 사랑하는가에 의해 규정되는 사람이 되십시오. 이루고 싶은 사회, 세우고 싶은 공동체의 모습에 가슴 뛰는 삶을 사십시오.

초대 교회의 메시지가 반로마적이었던 것은 사실입니다. 그러나 반제국 이념이 초대 교인들의 정체성을 규명했던 것은 아닙니다. 가이사가 '퀴리오스'라 불리던 세상에서 그리스도를 '퀴리오스'라 부르기 위해, 그리스도만이 '퀴리오스'라 고백하기 위해 그들이 목숨을 내놓아야 했다는 것은 사실입니다.

그러나 황제를 반대하기 위해 그리스도가 필요했던 것이 아니고, 그리스도께 신실하기 위해 황제에게 고개 숙이거나 그 불의한 체제에 영합할 수 없었던 것입니다. 그들은 제국을 무너뜨리기 위해 헌신했던 것이 아니라, 그리스도를 사랑하고 내 주위에 있는 한 사람을 그리스도처럼 사랑하는 일, 그러한 사랑의 공동체를 세우는 일, 그 사랑을 이 땅에 전하는 일에 목숨을 걸었습니다.

반로마는 그들의 목적이 아니었습니다. 그랬다면, 그들은 3백 년이라는 긴 기간을 소외와 박해 가운데 견디지 못했을 것입니다. 40년도 못 되는 일제 강점기가 한국의 지식인들에게는 무한히 길게 느껴졌을 것입니다. 그 기간이 30여 년쯤 되었을 때 많은 우국지사들이 친일파로 전향했습니다. 어두운 터널 안에 30년쯤 있으면 그 어둠이 영원히 계속될 것이라는 생각이 드는 게 당연합니다.

3백 년을 견디게 했던 그 힘이 어디서 나왔을까 생각해 보십시오. 잘못된 사회에 대한 냉철한 비판 의식도 그만한 힘은 없습니다. 굳은 의지도, 명징한 이성도 물러지고 흐려질 것입니다.

오직 사랑입니다. 결국 사랑만이 남을 것입니다.

엘피스와 아나스트로페

그 긴 시간을 견디게 해준 힘은 어디서 나왔을까요? 앞서 언급한 『초기 교회와 인내의 발효』에서도 말합니다. 초대 교회는 기존 사회 체제에 의도적으로 도전하는 일을 하지 않았습니다. 그러나 진실로 하나님의 사랑을 실천하다 보면, 이 체제가 도전받고 흔들리게 되어 있다는 것입니다. 그런 점에서 사도행전은 기독교가 위험한 종교라는 사실을 굳이 숨기지 않았고 로마인들이나 유대인들도 이를 알았습니다. 그래서 예수를 십자가에 못 박았고 바울과 베드로도 순교한 것입니다. 다니엘의 경우도 마찬가지입니다. 그와 같은 사람을 사자 굴에 던져 넣어 죽인다면 국가가 잘못된 것이고, 그 국가를 주도하는 사법 엘리트들이 잘못된 것 아닙니까? 따라서 그들은 짐승이며 결국 심판받을 악의 세력이라고 다니엘서가 말하고 있는 것입니다. 세상에 고개를 숙이고 들어가서 참여하는 신학만 말하는 게 아닙니다. 이 소망과 저 소망이 대결하고 있습니다.

우리 시대 사람들은 어떤 소망을 갖고 살아갑니까? 장 보드리야르(Jean Baudrillard)라는 포스트모던 철학자가 이런 말을 했습니다. "나는 쇼핑한다. 고로 나는 존재한다"(I shop, therefore I am). 데카르트는 "나는 생각한다. 고로 나는 존재한다"라는 말로 인간 의식의 명료성에 기초한 모더니즘의 시대를 열었습니다. 그 모더니즘의 경직된 사고가 폭력적이라고 해서 자유롭게 사고하도록 놔두자고 한 것이 포스트모더니즘이지요. 보드리야르의 질문은 그래서 우리가 자유로워졌느냐는 것입니다. 포스트모던적 인간은 소비주의의 노예가 되어 버린 것이 아닌가 하는 물음입니다. 과거에는 사람들이 "당신은 누구입니까?"라는 질문을 받으면, "나는 의사입니다, 나는 농부입니다, 나는 교사입니다"라고 대답했습니다. 생산적 자아입니다. 요즘 젊은 사람들, 여러분이 앞으로 목회해야 할 사람들은 "당신은 누구입니까?"라고 물으면, "나는 일 년에 해외 여행을 몇 번 가고, 주말에는 이 정도 식당에 가서 사진 찍고 SNS에 올리는 사람입니다"라고 표현합니다. 소비로 자기를 말하는 시대가 되어 버렸습니다. 내가 어떤 꿈을 갖고 사는 사람인지, 무엇에 눈물 흘리는 사람인지, 무엇에 가슴 뛰는 사람인지, 심지어 무엇을 직업으로 삼는 사람인지도 중요하지 않고, 오직 소비의 능력, 소비의 패턴, 소비의 품위가 중요합니다. 인간이 자유롭게 될 수 있다고 생각했는데 그게 아니었습니다.

김치를 담글 때 들어가는 재료에는 배추와 무, 고춧가루, 소금, 새우젓 등이 있습니다. 만약 우리가 김치를 본 적이 없다면 이 재료들만 가지고 그 결과물인 김치를 상상할 수 있을까요? 불가능할 것입니다. 이처럼 재료들의 산술적 합으로는 상상해 낼 수 없는 맛이 나오는 신비로운 과정이 '발효'입니다. 그러나 '인내의 발효'라는 말을 인간의 인내 안에 어떤 신비로운 힘이 있다는 듯, 성공과 부흥을 위한 공식으로 받아들이면 안 됩니다. 우리는 그저 버틴 것밖에 없는데, 그 시간 동안 하나님의 손에서 뭔가 신비로운 일이 일어났다는 것이 초대 교회 3백 년의 간증입니다.

여러분, 다른 소망을 가진 사람들이 다르게 살기 때문에 세상이 바뀝니다. 그렇게 로마 제국이 기독교화된 것입니다. 소망은 혼자 갖는 것이고, 관계 속에서 누군가가 "소망을 가지라"고 말한다면 그것은 '약속'이 됩니다. 따라서 소망의 전쟁터인 세상은 약속의 전쟁터이기도 합니다. 나에게 줄 서면, 무슨 자격증을 따면, 어디에 아파트를 사면 이러이러한 미래가 보장될 것이라는 소망을 갖게 합니다. 다른 한쪽에는 예수에게서 소망을 발견한 이들이 있습니다. 오늘 말씀드리려는 것은 "이런 소망을 가지라"가 아니라 "이런 소망이 있다면 어떻게 살아야 하는가"입니다. 그리스도인의 소망에 관해서는 이미 우리가 많은 이야기를 들어 알고 있습니다. 오늘의 핵심은 '엘피스'(소망)와 '아나스트로페'(삶의 양식)가 어떻게 연결되는가입니다.

우리에게 어떤 희망이 있다면, 그 희망을 향해 삶의 방식을 바꿔야 합니다. 지성주의, 곧 사람이 뭔가를 알면 바뀔 것이라고 생각해 계속 내용만 주입하는 교육은 한계가 분명합니다. 또한 정치적인 참여를 통해 어떤 법을 제정하거나 반대하는 등의 활동이 요구되는 경우도 있겠지만, 거기에 목숨을 건다고 세상이 바뀌지 않습니다. 사회운동을 하며 성명서를 발표하는 것도 필요할 때가 있었습니다. 권력을 두려워하여 아무도 의사 표현을 하지 못하던 시절, 용기 있게 목소리를 내는 일은 역사 발전에 중요한 역할을 했습니다. 그러나 지금은 너무 많은 말들이 오가는 시대입니다. 말이 틀렸기 때문이 아니라, 그 말에 걸맞은 삶이 뒷받침되지 못하기에 공허한 것입니다. 삶의 방식을 바꿔서 왜 이 길이 옳은 길인지 몸으로 보여주는 공동체가 세상의 빛이 될 수 있습니다.

찰스 테일러(Charles Taylor)라는 철학자가 세속 사회에 관해 다루면서 "대항 형성"(counter formative)이라는 말을 했습니다. 어제 설교에서 형성(formation)에 대해 언급했듯이 세상과 "대항 형성"이 되고, 그에 따라 삶의 방식을 바꾸고 우리 안에서 문화를 창조하는 실천이 있어야 한다는 것입니다. 저는 신대원 시절에 해야 할

마침내, 교회가 희망이다

가장 중요한 일이 영성 수련이라고 생각합니다. 영성을 향해 좋은 습관을 들이는 것입니다.

물론 공부하는 습관도 중요합니다. 『우리 목사님은 왜 설교를 못할까』[7]라는 책이 있는데, 디지털 시대의 사람들이 생각하는 힘을 잃어버렸다는 내용입니다. 옛날 목사님들은 설교를 준비할 때 만년필로 처음부터 끝까지 쭉 원고를 써 내려갔습니다. 요즘 사람들은 그렇게 하지 못합니다. 컴퓨터와 인터넷에 의존해서 글을 쓰다 보니 일관된 사고의 흐름이 힘들어진 것입니다. 『생각하지 않는 사람들』[8]이라는 책은 인터넷이 우리의 뇌를 바꿨다고 말합니다. 유튜브를 시청하고 여기저기 인터넷 서핑을 하는 우리 시대의 뇌가 예전에 책을 읽으며 공부하던 시절의 뇌와 완전히 달라졌다는 것입니다. 하루 10시간 이상 인터넷을 사용하는 대학생의 뇌를 자기공명영상(MRI)으로 촬영한 결과, 하루 2시간 미만 사용자들보다 생각 중추를 담당하는 회백질의 크기가 줄어든 것이 관찰되었다는 연구가 있습니다. 팝콘용 옥수수에 열을 가하면 순간적으로 튀어 오르듯이, 즉각적인 현상에만 반응할 뿐 깊이 숙고할 줄 모른다는 의미에서 '팝콘 브레인'(popcorn brain)이라는 용어도 생겼습니다.

핸드폰이 일반화되고 나서 우리 머릿속에 외우고 다니는 전화번호가 거의 없다시피 하지요. 지금 생각해 보면 제 어머니는 전화번호를 이삼백 개 정도 외우셨던 것 같습니다. 누구 전화번호를 여쭤 보면 바로 나오고 그랬어요. 요즘에는 내 전화번호도 바로 떠오르지 않을 때가 있습니다. 그만큼 뇌를 쓰지 않고 기계에 맡기기 때문에 뇌가 바뀐 것입니다. 'ChatGPT'가 대단히 편리하기 때문에 어쩌면 얼마 지나지 않아 여러분의 뇌가 훨씬 퇴화되어 있을 가능성이 높습니다. 경각심을 가져야 합니다.

그래서 저는 여러분이 신대원 시절에 공부를 많이 해야 한다고 생각합니다. 요즘에는 평신도 중에도 신학 공부를 열심히 하는 분들이 많습니다. 앞으로 그들을 이끌어야 할 신대원생들은 어떻게 공부해야 할까요? 신대원 3년 동안 책을 읽어 봐야 몇 권이나 읽겠습니까? 신대원 시절은 평생 공부할 토대를 만드는 기간입니다. 책장 하나를 만든다고 생각해 보십시오. 이 책장 첫째 칸에는 조직신학이 있고, 둘째 칸에는 실천신학의 어떤 분야가 있고, 셋째 칸에는 성서신학의 어떤 분야가 있고, 이렇게 전체 지형을 헤아려서 무엇을 어떻게 공부할지 대략적으로라도 계획을 세우는 것입니다. 그리고 졸업하여 목사가 되고 나면, 해마다 연말쯤에 자신이 지난 일 년 동안 무슨 공부를 했는지 되돌아보며 조금씩 점검해 보는 것이 좋습니다. 그렇게 공부 계획을 세우고 정기적으로 갱신해 가는 것입니다.

저는 신학 공부에 관심이 있는 평신도들을 자주 만나는 편입니다. 그분들이 매우 열심히 공부합니다만, 주로 자신이 감명받은 한두 저자의 책에 집중하기 때문에 전체 지형을 파악하기에는 약점이 많습니다. 우리가 신대원을 나왔기 때문에 본질적으로 다르다는 의식을 갖는 것은 건강하지 않습니다. 다만 훌륭한 교수님들 밑에서 균형 잡힌 커리큘럼으로 배운 것이 앞으로 여러분 목회의 중요한 기반이 될 것이라는 말입니다. 신대원 시절은 '학력'(學歷) 곧 배운 이력이 아니라, '학력'(學力) 곧 배우는 힘을 기르고 평생에 걸친 학습 태도를 형성하는 시간입니다. 이력서에 한 줄 들어가고 말 '학력'(學歷)보다 내 삶과 사역을 형성해 갈 '학력'(學力)에 더 관심을 가지면 좋겠습니다.

그러면 어떻게 공부해야 하는가 하는 질문이 있을 것입니다. 한마디로 말해, 넓고 깊게 해야 합니다. 깊게 공부한다는 것은 땅을 파는 것과 같습니다. 땅을 깊게 파려면 넓게 파야 합니다. 유행을 따르거나 관심 가는 주제를 좇아서 이리저리 헤매는 것보다, 신대원 커리큘럼을 주축으로 삼는 것이 좋습니다. 이번 학기에 한국교회사를 수강한다고 하면 그 분야에 관해 좀 더 폭넓게 공부하는 것입니다. 수업에서 배운 내용을 중심에 놓고 자기 관심사를 발전시켜 나가는 것입니다. 그렇게 3년 동안 자신의 영적 성장을 위해 노력하고 지적인 훈련을 평생 해나갈 준비를 하면서 신학의 체력을 갖춰야 합니다. 목회 현장에 나가면 공부의 틀을 잡기가 힘듭니다. 목회자들이 책을 많이 읽기는 하지만 대부분 한두 구절만 인용하기 위한 동기가 강합니다. 온갖 책을 뒤지면서 무엇을 설교에 써먹을까 하는 '고독한 예화 사냥꾼'들이 많습니다. 책을 많이 읽지만 지식이 쌓이지는 않고, 정보에 목마르지만 그 정보를 활용하는 방법, 그리고 그 정보가 가진 한계를 보는 통찰이 부족합니다. 성장하는 목회자가 되기 위해서는 영적 갈망이 중요합니다. 영적 갈망은 언제나 지적인 호기심을 포함합니다. 지적인 호기심이 없으면 목회가 재미없어집니다.

지적인 성장을 멈춘 목회자들은 엉뚱한 곳에 관심이 쏠립니다. 한국교회의 정치가 혼탁한 이유도 목회가 재미없는 목사들 때문입니다. 노회나 총회의 교회정치에 건전하게 참여하고 책임을 다하는 것은 필요합니다. 그런대로 괜찮은 사람들이 정치에 무관심하면 최악의 사람들이 교회를 대표하게 됩니다. 정치에 지나치게 몰입한 목사들에게 관심을 줄이라고 해도 소용없습니다. 제임스 스미스의 말대로 사람들은 자신이 사랑하는 쪽으로 기울어지게 되어 있습니다. 말씀을 사랑하고 목회자로서 자신이 성장하는 일에 열심이 있는 사람은 정치에 들이는 시간을 아까워하게 되어 있습니다.

데이비드 브룩스(David Brooks)라는 칼럼니스트가 이런 말을 했습니다. "사람이 다른 사람의 지식으로 박식하게 될 수 있지만, 다른 사람의 지혜로 지혜롭게 될 수는 없다." 지혜란 일반화시키는 능력입니다. 마태복음을 열심히 공부하면 다른 복음서도 어느 정도 알 수 있습니다. 조직신학을 공부하면서 다른 학문의 방법론에도 눈을 뜨게 됩니다. 지금 우리나라 신학계의 트렌드 중 하나가 성서학자들이 그림에 관한 책을 내는 것입니다. 왜 그럴까요? 성서학은 해석학입니다. 본문 해석에 오랫동안 몰두해 온 학자는 그림 공부를 조금만 해도 그림에 관해 뭔가 말할 수 있게 되는 것입니다. 그런 것을 지혜라고 말합니다. 넓고 깊게 공부하는 것이지요.

전심전력하십시오

『전념』(*Dedicated*)[9]이라는 책이 있습니다. 피트 데이비스(Pete Davis)라는 분이 하버드 대학교에서 했던 강의를 묶어 낸 것입니다(그 동영상은 지금도 유튜브에서 볼 수 있는데, 조회 수가 3백만에 달합니다). 이 책에 이런 말이 나옵니다. "지금은 무한 탐색 시대다"(the age of infinite browsing). 요즘 젊은이들에게 지난 주말에 뭐 했냐고 물어보면 "넷플릭스 봤어요"라고 대답합니다. 다시 뭐 봤냐고 물어보면 "넷플릭스 켜 놓고 이거 볼까, 저거 볼까 하고 계속 찾다가 시간만 보냈어요"라고 합니다. 그런 것을 '무한 탐색'(infinite browsing)이라고 합니다. 예전에는 동네 비디오 대여점에 가서 출시된 영화를 빌리면 됐는데, 지금은 넷플릭스 등 OTT 서비스에 선택지가 너무 많습니다. 끊임없이 탐색만 하다가 시간을 허비하는 것이지요. 심지어 사람도 '무한 탐색'합니다. 이 사람이 좋을까, 저 사람이 좋을까 '무한 간보기'를 하는 사회가 되어 버렸습니다. 이 책은 수많은 선택지들의 유혹을 과감하게 거부하고 의미 있는 일에 전념하는 능력이야말로 진정한 자신을 찾고 자유와 기쁨을 누리는 길이라고 역설합니다. 따라서 선택이 중요한데, 생각보다 어떤 선택을 하느냐는 그렇게 중요하지 않습니다. 스탠퍼드 대학교 경영대학원 교수인 에드 바티스타(Ed Batista)가 이런 말을 했습니다.

좋은 결정을 내리는 것은 중요합니다. 그러나 올바른 결정을 하는 데 너무 많은 시간을 들일 필요는 없습니다. 오히려 내가 내린 결정이 옳게 되도록 더 많은 시간과 에너지를 쓰십시오.

그렇습니다. 그 자체로 옳은 결정, 옳은 선택이란 없습니다. 옳은 선택을 하려고 여러분의 에너지를 너무 낭비하지 마십시오. 올바른 선택보다 더 중요한 것은 내 선택이 올바른 선택이 되도록 노력하는 것입니다. 결혼도 마찬가지입니다. 웬만큼 좋으면 하십시오. 함께 어떻게 사는가, 그것이 더 중요합니다. 엄청나게 다른 선택지들이 있는 것 같지만 실제로는 큰 차이가 없습니다. 어떤 태도로 살아가는지가 훨씬 더 큰 차이를 가져옵니다. 다시 한번 제가 페이스북에 올린 글을 나눕니다.

가지 못한 길, 그보다 큰 후회

노란 숲속에 길이 두 갈래로 났었습니다.
나는 두 길을 다 가지 못하는 것을 안타깝게 생각하면서,
오랫동안 서서 한 길이 굽어 꺾여 내려간 데까지,
바라다볼 수 있는 데까지 멀리 바라다보았습니다.

고등학교 교과서에 나왔던가? 인생에서 선택의 중요성과 엄중함을 가르쳐 준 시다. 이 시 때문에 젊은이들의 선택이 좀 더 신중해지거나, 좀 더 무거워졌을 것이다. 나는 후자 쪽이다. 선택을 앞두고 과도한 중압감에 짓눌린 적이 많았다. 그 무게의 상

당 부분은 이 시의 잔상으로부터 왔다. 먼 훗날 짓게 될 한숨, 걱정 말이다.

요만큼 인생을 살다 보니, 모든 인생길이 두 갈래로 나뉘어서 영원히 다른 결과를 가져오는 것은 아니더라. 완전히 딴 길 같았으나 어느 시점에는 서로 만나는 길도 있고, 각각 다른 지점에 도달했으나 실제로 그 내용은 그렇게 차이 나지 않는 경우도 많더라.

다른 길을 택해서 조금 늦게 도착할 수도 있지만, 그게 대수랴. 그게 내 길이고 내 인생인데……. 내가 걸어온 길에서 만난 사람들, 나눈 대화들, 얻은 지혜들, 길가의 꽃들, 코너를 돌 때 눈앞에 펼쳐진 경치, 가슴 뛰던 순간들, 뺨을 스치던 바람들, 무엇과 비교할 수 있으랴!

내가 인생을 좀 더 살아서, 걸어온 길을 다시 되돌아보며 한숨 짓는 순간이 온다면, 그것은 내가 선택하지 않은 길 때문은 아닐 것이다. 다만 내가 선택한 길을 어떻게 걸었는가에 대한 회한이 남을 것이다. 그때 그 아름다운 순간을 왜 그렇게 허겁지겁 무엇에 쫓기듯이 살았을까? 그때 왜 그 풍경 앞에 좀 더 머물지 못했고, 그 새소리, 물소리를 좀 더 귀 기울여 듣지 못했을까? 그때 만난 사람들과의 시간을 왜 좀 더 소중히 여기지 못했으며, 헤어지면서 밝은 웃음을 보여줄 여유를 갖지 못했을까? 그때 내 손을 잡아 준 이의 따스한 체온을 왜 좀 더 오래 마음에 간직하지 못했을까? 후회가 있다면 이런 유일 것이다.

"인생 살아 보니 별거 없더라." 연세 드신 분들이 자주 말씀하신다. 나는 그렇게 이해한다. 이 길을 가나 저 길을 가나, 큰 차이는 없더라. 젊을 때 생각했던 것만큼. 그렇다면 새겨들을 말이다. 그러니 젊은이들이여, 갈림길에서 서성이거나 두려워하지 말지어다. 경쾌한 발걸음으로 전진하라!

어떤 직업을 선택하는가도 중요하지만, 어떤 자세로 일하는가는 더 중요하다. 누구와 결혼하는가도 중요하지만, 어떻게 결혼 생활을 해나갈 것인가는 더 중요하다. 어떤 동네에 사는가도 중요하지만, 거기서 어떤 발걸음으로 산책하고, 어떤 카페에서 어떤 향의 커피를 마시고, 이웃과 어떤 표정으로 인사하고 지내는가도 소중하다.

그러지 않아도 힘든 세상, 모든 선택에 과도한 무게를 부과하는 시는 잊어버리고, 지금 내 앞에 놓인 커피 향을 음미해 보자. 그대, 잘 선택했다. 카페라테이든, 카푸치노이든……

『전념』의 원제인 "Dedicated"는 '봉헌된', '헌신된'을 의미하는 신학적 용어입니다. 저자는 이렇게 말합니다. "나는 전념에 신성한 차원이 있다는 것을 발견했다." 오늘날 우리 신학자와 목회자들은 할 수만 있으면 세속의 언어로 말하려고 노력하는데(어제 언급한 폴 틸리히가 대표적입니다), 오히려 세속 학자들이 연구를 하다 보면(알랭 드 보통도 그랬듯이) '헌신' 같은 전통적인 기독교 용어의 세계로 오게 되더라는 것입니다. 어떤 일에 전념할 줄 아는 사람은 하나님 앞에 신실한 사람, 하나님을 위해 내 인생을 바칠 각오가 되어 있는 사람입니다. 이토록 급변하는 세상에서, 이거 할까 저거 할까, 어디에 줄을 설까 앞다투는 세상에서 내가 어디에 헌신되어 있다는 것은 약점으로 여겨질 수 있습니다. 그러나 여러분, 그 이상의 세계가 있다는 것을 알아야 합니다. 앞으로의 시대를 이끌어 갈 사람들은 어떤 길을 선택했으면 그 길에 책임지고, 어디에 헌신했으면 그 헌신에 신실하여 열매를 맺는 이들인 줄 믿습니다. 저녁 내내 리모컨을 쥐고 무한 탐색만 한 사람과, 영화 한 편이라도 제대로 본 사람의 차이로 설명할 수 있습니다. 디모데전서 4:15을 읽겠습니다.

> 이 모든 일에 전심전력하여 너의 진보를 모든 사람에게 나타내게 하라(개역한글).

디모데전후서는 목회서신입니다. 여러분에게 중요한 서신입니다. 읽고 또 읽으십시오. 핵심이 이것입니다. "전심전력하라." 개역개정은 이 구절을 "너의 성숙함을 모든 사람에게 나타나게 하라"라고 옮겼는데, 옛 번역이 훨씬 낫습니다. "성숙"이 아니라 "진보"입니다. 어제보다 오늘이 나아지는 것이지요.

결론 말씀입니다. 디모데후서 2:15을 읽겠습니다.

> 너는 진리의 말씀을 옳게 분별하며 부끄러울 것이 없는 일꾼으로 인정된 자로 자신을 하나님 앞에 드리기를 힘쓰라.

"부끄러울 것이 없는 일꾼으로 인정된 자"는 누구에게 인정받는 것입니까? 사람의 인정입니까, 하나님의 인정입니까? 둘 다입니다. 여러분, 사람의 인정도 받아야 합니다. 능력 있는 말씀의 종으로 사람에게 인정받아야 합니다. 그것이 하나님께서 우리에게 명령하시는 바입니다. "자신을 하나님 앞에 드리기를 힘쓰라." 지금 여러분이 하나님 앞에서 하나님의 영광을 위해 열심히 공부하는 자체가 하나님께서 기뻐 받으시는 예배라는 사실을 믿어야 합니다. 혹시 그렇게 생각하지 않습니까? "하나님을 위해 일하는 것은 교회에서 풀타임 사역할 때이고, 이건 그냥 공부하는 거야." 저는 한국과 미국에서 신학 공부를 하면서 죽겠다 싶을 만큼 힘들 때도 있었습니다. 그때 기도했습니다. "하나님, 신학 공부 하다가 죽으면 순교로 쳐 주십니까?" 그러자 이런 응답을 받았습니다. "내 영광을 위해 공부하다 죽으면 순교지!"

공부에 매진하되 하나님의 영광이 목표가 되어야 합니다. 그럴 때 공부가 하나님께서 받으시는 예배가 됩니다. 여러분 자신을 말씀의 일꾼으로 하나님 앞에 드리기를 힘쓰십시오. 교회 사역도 중요하지만 지금은 공부할 때입니다. 공부하십시오. 그것이 하나님께서 받으시는 예배입니다. 그리고 평생 공부하면서 자기 자신을 하나님과 사람 모두에게 인정받는 일꾼으로 드리기 위해 경건과 학문에 힘쓸 준비를 해나가야 합니다. 그런 치열한 삶을 여러분에게 주문합니다. 신대원 생활이 쉽지 않지요? 제가 단언합니다. 지금 어려운 것은 아무것도 아닙니다. 현장에 가서 목회해 보십시오. 쉬운 목회가 없습니다. 최선을 다해서 준비하십시오. 지금 하나님께서 나에게 요구하시는 것은 말씀의 일꾼으로 자신을 드리기 위해 공부하는 것입니다. 하나님의 소망을 갖고 이 일에 승리하기를 주님의 이름으로 축원합니다.

4강
성품이 선교다

2023년 3월 23일 목요일 저녁 예배

—— 그러나 너희는 택하신 족속이요 왕 같은 제사장들이요 거룩한
나라요 그의 소유가 된 백성이니 이는 너희를 어두운 데서 불러
내어 그의 기이한 빛에 들어가게 하신 이의 아름다운 덕을 선포
하게 하려 하심이라. 너희가 전에는 백성이 아니더니 이제는 하
나님의 백성이요 전에는 긍휼을 얻지 못하였더니 이제는 긍휼
을 얻은 자니라. 사랑하는 자들아, 거류민과 나그네 같은 너희
를 권하노니 영혼을 거슬러 싸우는 육체의 정욕을 제어하라. 너
희가 이방인 중에서 행실을 선하게 가져 너희를 악행한다고 비
방하는 자들로 하여금 너희 선한 일을 보고 오시는 날에 하나님
께 영광을 돌리게 하려 함이라.

베드로전서 2:9-12

만인제사장은 성경에 없다

오늘 우리가 읽은 베드로전서 말씀은 그 유명한 만인제사장 교리가 출발한 본문입니다. 이 교리는 개신교의 트레이드마크 (trademark)처럼 여겨지는데, 실제로는 대단히 오해되고 오용되고 있습니다. 의외로 개신교에서 소홀히 여겨지는 주제이기도 합니다. 20세기는 탁월한 조직신학 대작들이 쏟아져 나온 시기입니다. 칼 바르트, 폴 틸리히, 볼프하르트 판넨베르크 등의 신학자들이 우러러보지도 못할 만큼 위대한 저작들을 남겼습니다. 그런데 이러한 조직신학 저작들에서 교회론을 찾아보면 만인제사장론에 대한 설명이 빈약한 편입니다. 오히려 로마가톨릭 저자들이 그들의 입장에서는 꺼림직한 개신교적인 교리를 적극적으로 다루는 경우가 많습니다. 심지어 동방정교회에서도 이 교리를 자연 신앙, 자연의 제사장이라는 입장에서 창조적으로 적용하는 것을 볼 수 있습니다. 마르틴 루터가 만인제사장론의 근거를 발견한 베드로전서 2:9은 출애굽기 19:5-6의 인용입니다. 출애굽한 백성들이 3개월 만에 시내 산에 도착했을 때 하나님께서 모세를 통해 이 말씀을 주십니다.

> 세계가 다 내게 속하였나니 너희가 내 말을 잘 듣고 내 언약을 지키면 너희는 모든 민족 중에서 내 소유가 되겠고 너희가 내게 대하여 제사장 나라[βασίλειον ἱεράτευμα]가 되며 거룩한 백성이 되리라(출 19:5-6).

> 너희는 택하신 족속이요 왕 같은 제사장들[βασίλειον ἱεράτευμα]이요 거룩한 나라요 그의 소유가 된 백성이니(벧전 2:9).

출애굽기에서 "제사장 나라"로 번역된 말과 베드로전서에서 "왕 같은 제사장들"로 번역된 말은 원어가 같습니다. 여기서 '바실레이온'(βασίλειον)은 형용사 '왕족의, 왕 같은'(royal)이 아니라, 명사 '왕국'(kingdom)으로 번역해야 합니다. 출애굽기의 문맥에서도 그렇고, 칠십인역(LXX)과 타르굼(Targum) 등 다른 모든 역본을 비교해 봐도 동일한 결론이 나옵니다. 따라서 'royal priesthood'(왕 같은 제사장들)가 아니라, 'priestly kingdom'(제사장 나라 또는 제사장 왕국)입니다. 백번 양보해서 'royal priesthood'로 번역하더라도 이 'royal'은 '왕족'을 뜻하지 않습니다. 영국에 로열 발레단(The Royal Ballet)이 있습니다. 왕족들이 춤추는 발레단일까요? 그렇지 않습니다. 이는 "왕의 이름으로 불리며 왕이 책임지고 후원하는, 왕에게 속하여 왕의 영광을 위해 춤추는" 발레단입니다. 'royal'에 이런 뜻이 담겨 있습니다.

제사장이라는 존재는 그 자신을 위해 있는 것이 아닙니다. 그들은 이스라엘 안에 있어 그 백성을 위해 존재합니다. 그러면 이스라엘 백성 전체가 제사장이라고 하면 어떻게 됩니까? 세상을 위한 존재가 됩니다. 이스라엘 바깥의 다른 백성들을 위한 존재입니다. 'royal priesthood'로 잘못 번역해 놓으니, 교회 안에서 누가 권력을 갖는가 하는 내부 정치(internal politics)의 문제로 본문의 의미가 좁아져 버렸습니다. 베드로전서 2:9은 본래 교회 내부 정치와는 아무 관련이 없습니다. "이는 너희를 어두운 데서 불러내어 그의 기이한 빛에 들어가게 하신 이의 아름다운 덕을 선포하게 하려 하심이라." 즉, 제사장 나라는 어두운 세상 속에서 빛이 되는 사명과 관련된 선교적인(missional) 용어입니다. 제사장 나라는 하나님의 아름다운 덕을 세상에 선포하기 위해 존재하는 것입니다. 출애굽기 19:5이 "세계가 다 내게 속하였나니"라는 말로 시작하는 것도 같은 맥락입니다. 하나님의 백성 이스라엘은 온 세상을 위한 제사장입니다.

구약학자들의 연구에 의하면, 오경 안에는 레위 지파 제사장직이라는 전승과 온 이스라엘 백성이 제사장이라는 전승이 둘다 존재합니다. 그러나 양자가 전혀 충돌되지 않습니다. "왜 레위인만 제사장인가, 우리 모두가 제사장이지." 이런 문제 제기나 갈등이 없습니다. 자연스럽게 레위인 제사장이 있고 그 역할도 중요하지만 이스라엘 백성 전체가 제사장이라는 말도 맞고 하나님의 큰 계획 안에서 모두 소화 가능하다는 것입니다. 그렇다면 마르틴 루터의 만인제사장론은 틀린 것일까요? 딱히 틀렸다고 말하기는 힘들지만 정확하지는 않습니다. 이는 불가타 (Vulgata) 성경에서 히에로니무스가 잘못 번역하여 오염된 본문 전통을 가지고 마르틴 루터가 성경을 해석했기 때문에 그렇습니다.[1]

다소 오류가 있지만 만인제사장론은 당시에 대단히 유용했습니다. 지나친 사제주의에 사로잡혀 있던 교회를 해방시킨 소중한 교리였던 것은 분명합니다. 그러나 오늘날 우리가 이 교리와 관련 본문을 어떻게 다뤄야 하는가는 또 다른 문제입니다. 마르틴 루터와 우리는 상황이 전혀 다릅니다. 그가 살아가던 사회는 이른바 '크리스텐덤'(Christendom, 기독교 왕국)이었습니다. 주위에 예수 안 믿는 사람을 찾기가 힘들었습니다. 튀르키예 이스탄불에 현재는 이슬람 모스크로 사용되는 성 소피아 대성당이 있습니다. 이 교회가 지어질 당시 세계에서 가장 큰 건축물이었습니다. 지금도 가 보면 이런 거대한 건물을 어떻게 지었을까 깜짝 놀랄 정도입니다. 최고의 기술과 최대의 자본이 집약된, 세계에서 가장 큰 건축물이 교회였던 시대에 문화적으로 사람들의 세계관을 장악하는 그 힘이 얼마나 컸을지 생각해 보십시오. 주변이 전부 교회이고 그리스도인뿐입니다. 루터는 그런 세상을 살았습니다. 따라서 성경을 읽어도 교회를 누가 주도할 것이며, 사제주의가 맞는지 반사제주의가 맞는지 등이 중요했던 것입니다. 오늘날은 다릅니다. 지금 우리는 '포스트크리스텐덤'(Post-Christemdom) 시대를 살고 있습니다. 여전히 많은 교회들이 있지만 그림자처럼 존재합니다. 서구를 포함한 세계 전체를 볼 때 지금 우리 그리스도인은 문화적 소수자(minority)라고 할 수 있습니다.

신실한 현존

이러한 시대에 우리가 성경을 어떻게 읽어야 할까 고민해 보면, 신약성경의 상황이 오늘 우리의 상황과 대단히 비슷하다는 것을 깨달을 수 있습니다. 루터나 칼뱅이 살던 시대는 교회가 세상을 주도하던 시대였습니다. 그러나 신약성경은 그리스도인들이 '마이너리티'이던 사회, 주변부에 겨우 붙어서 바람 앞의 촛불같이 살아가던 시대를 배경으로 하고 있습니다. 그런 상황에서 기록된 신약성경을 기독교가 모든 것을 장악하고 있던 시대의 사람들이 제대로 읽을 수 있었을까요? 저는 그러지 못했을 것이라고 생각합니다. 물론 루터와 칼뱅은 위대한 신앙의 스승들이지만, 우리와 본질적으로 다른 시대를 살았습니다. 오히려 우리가 훨씬 더 신약성경의 상황과 가까운 시대를 살고 있습니다. 구약성경의 많은 부분이 유래한 바벨론 포로기와 그 이후 상황도 마찬가지입니다. 어쩌면 우리는 이제야 비로소 신구약성경이 전하고 있는 역동적인 신앙, 미약하지만 하나님만 붙들고 신실하게 사는 그 신앙을 살아 낼 기회를 갖게 된 것인지도 모릅니다. 지금 우리는 그리스도인으로서 매우 어려운 시대를 살고 있지만, 그리스도인다운 실천과 실존이 마침내 가능해질 시대를 맞고 있다고 할 수 있습니다.

미국 버지니아 대학교 사회학과 교수인 제임스 데이비슨 헌터 (James Davison Hunter)는 『기독교는 어떻게 세상을 변화시키는가』[2]라는 책을 썼습니다. 이 책을 열심히 읽은 몇몇 독자들이 페이스북에 서평을 올리기도 했는데, 제목의 무게감에 비해서 내용이 싱겁고 대책 없이 문제만 제기한다고 비판하는 내용이 많았습니다. 이러한 비판은 오독입니다. 이 책의 원제는 "To Change the World"입니다. 여기에는 '어떻게'(how)라는 말이 없습니다. 이 '어떻게'가 있고 없고에 대단한 차이가 있습니다. "어떻게 세상을 변화시키는가"라고 제목을 붙이면, 세상을 변화시키는 어떤 방법을 기대하게 됩니다. 하지만 이 책의 내용은 판이합니다. 부제는 "The Irony, Tragedy, and Possibility of Christianity in the Late Modern World"라고 되어 있는데, 세상을 변화시키겠다는 의도 자체가 아이러니 (irony)이며 비극(tragedy)을 가져올 수 있다는 말입니다. 결혼한 분들은 이해할 것입니다. 아내가 오늘부터 내 남편을 변화시키겠다고 마음을 굳게 먹으면 가정이 어떻게 될까요? 대단히 힘들어질 것입니다. 남편뿐 아니라 자녀들도 마찬가지입니다. 사회생활에서 흔히 그런 말을 합니다. "사람은 고쳐 쓰는 게 아니다." 사람은 좀처럼 변하지 않는다는 것입니다. 첫 시간에 언급한 대로 이 세상 자체가 총체적으로 고장 나 있고, 나 역시 고장 난 세계의 일부이기 때문에 무엇을 고치겠다는 나의 의도가 과연 올바른지 먼저 돌아보아야 합니다.

사람이 사람을 변화시키려는 데서 많은 비극이 시작됩니다. 누군가를 변화시키겠다고 마음먹는 순간 교만해지기 때문입니다. 교회가 세상을 변화시키려 할 때도 마찬가지입니다. "교회는 옳고 세상은 틀렸다"는 전제가 작동합니다. 세상을 변화시킨다는 것의 아이러니이자 비극은 교만해지는 것입니다. 자기 의에 가득 찬 사람이 되고 맙니다. 이 책은 지금의 미국 기독교가 세상을 변화시키려다가 교만해진 게 가장 큰 문제라고 지적하는 내용인데, 한국어판 제목에 '어떻게'라는 말을 넣어서 오독을 일으킨 것 같습니다. 그러나 부제를 보면 "Irony"와 "Tragedy" 다음에 "Possibility"가 나오듯이, 변화의 가능성이 전혀 없다는 게 아닙니다.

아브라함은 모든 그리스도인이 믿음의 조상으로 여기며, 유대인은 물론 무슬림에게도 매우 중요한 인물입니다. 알렉산더든 칭기즈 칸이든, 세상의 어떤 영웅도 아브라함만큼 위대한 이름을 가지지 못했습니다. 그런데 아브라함이 무슨 일을 했습니까? 나라를 세웠습니까? 전도를 했습니까? 교회를 세웠습니까? 업적이라 할 만한 게 없습니다. 그는 그저 아브라함이었습니다. 랍비 조너선 색스(Jonathan Sacks)는 최근에 나온 책에서 이렇게 말합니다.

전 세계 24억 명의 그리스도인들, 16억 명의 무슬림들, 그리고 1,300만 명의 유대인들이 모두 존경하는 아브라함은 제국을 다

스리지 않았으며, 군대를 지휘하거나, 영토를 정복하거나, 기적을 행하거나, 예언을 선포하지 않았다.[3]

물론 아브라함이 예언자라고 할 수도 있지만, 그는 하나님의 말씀을 독점적으로 받아 전달하는 식의 예언을 선포하지 않았습니다. 존 스토트(John Stott)도 자신의 책 『설교자란 무엇인가』[4]에서 "설교자는 예언자가 아니다"라고 분명히 말합니다. 아브라함은 자기 믿음에 투철했으며, 이는 곧 자기 하나님께 신실했다는 말입니다. 하나님은 아브라함을 불러 세상을 변화시키라고 하신 게 아니라 세상에 복이 되라고 말씀하셨습니다. 이는 우리 그리스도인의 사명이기도 합니다.

『기독교는 어떻게 세상을 변화시키는가』에 이런 말이 나옵니다. "faithful presence." 결국 우리가 할 수 있는 것은 하나님께 신실하면서(faithful) 그냥 거기에 있는(presence) 것, 살아가는 것이라는 말입니다. 그것이 아브라함의 삶이었습니다. 그는 그저 살아갔습니다. 하나님을 배반하지 않고 산다는 것도 아브라함에게는 힘겨운 일이었습니다. 그러나 아브라함은 하나님께 신실한 삶을 살면서 그 존재 자체로 하나님이 함께 계신다는 사실을 보여주었습니다.

고난받는 이스라엘, 나그네 된 교회

베드로전서 2:9-12을 다시 보겠습니다.

그러나 너희는 택하신 족속이요 왕 같은 제사장들이요 거룩한 나라요 그의 소유가 된 백성이니 이는 너희를 어두운 데서 불러 내어 그의 기이한 빛에 들어가게 하신 이의 아름다운 덕을 선포하게 하려 하심이라. 너희가 전에는 백성이 아니더니 이제는 하나님의 백성이요 전에는 긍휼을 얻지 못하였더니 이제는 긍휼을 얻은 자니라. 사랑하는 자들아, 거류민과 나그네 같은 너희를 권하노니 영혼을 거슬러 싸우는 육체의 정욕을 제어하라. 너희가 이방인 중에서 행실['아나스트로페']을 선하게 가져 너희를 악행한다고 비방하는 자들로 하여금 너희 선한 일을 보고 오시는 날에 하나님께 영광을 돌리게 하려 함이라.

여기서 11절은 "왕 같은 제사장들"이 대단한 사람들이 아니라 이 땅의 "거류민과 나그네", 곧 사회적 주변인이라고 분명히 말합니다. 12절은 그들에게 권면하기를, 그들 자신의 행실('아나스트로페')로 "너희를 악행한다고 비방하는 자들"에게 도덕적 탁월성을 보이고, "너희 선한 일을 보고 오시는 날에 하나님께 영광을 돌리게 하라"고 합니다. 오늘 오전에 언급했듯이, '아나스트로페'는 단순한 행위가 아니라 총체적 삶의 양식입니다. 즉, 하나님의 아름다운 덕을 선포하는 우리 삶으로서의 선교를 말하는 것입니다. 하나님이 명령하신 선교는 내가 어떤 재화나 프로그램을 가지고 가서 사람들을 줄 세워 놓고 나눠 주고 성경 공부를 시키고 사진 찍는 그런 일이 아니라는 것입니다. 성경의 선교는 나그네가 하는 것이었습니다. 나그네가 누구입니까? 눈치를 봐야 겨우 살 수 있는 이들입니다. 타인의 호의에 기대어 사는 이들입니다.

이스라엘 백성은 자신들이 하나님의 선택을 받았기 때문에 잘되어야 한다고 생각했습니다. 열방 위에 뛰어난 민족이 되고 경제 대국이 되고 군사적으로도 막강한 나라가 되어야 한다고 생각했습니다. 그러나 구약의 역사를 보면 이스라엘 백성이 많은 고난을 당합니다. 다른 나라들보다 훨씬 힘겨운 삶을 살았습니다. "우리는 하나님이 택하신 선민인데, 어째서 고난당하고 있는가? 무엇이 잘못되었는가?" 이것이 구약의 최대 고민입니다. 이 질문에 대하여 예수 당시 유대인들이 어렴풋하게 알고 있던 대답은 이사야 53장에서 찾아볼 수 있습니다.

> 그가 찔림은 우리의 허물 때문이요 그가 상함은 우리의 죄악 때문이라. 그가 징계를 받으므로 우리는 평화를 누리고 그가 채찍에 맞으므로 우리는 나음을 받았도다(사 53:5).

즉, '여호와의 종'의 고난을 세상을 위한 사명으로, 이스라엘이 공동체적으로 감당해야 할 사명으로 여기는 것이 최선의 대답이었습니다. 신약의 신앙은 이 사명을 그리스도에게 적용했습니다. 예수 그리스도는 강함이 아닌 약함을 통해, 승리가 아닌 고난을 통해 세상을 구원하셨습니다. 그 약함을 본래 대표했던 것이 이스라엘의 역사라고 볼 수 있습니다. 정리하면, 아브라함의 나그네 됨, 이어지는 유대인의 고난의 역사, 그다음에 그리스도

의 십자가와 그리스도인의 나그네 됨이 세상을 구원하시는 하나
님의 경륜과 선교의 핵심적인 궤적입니다.

신약의 선교는 나그네 또는 주변인이 눈치를 보면서 하는 선
교였습니다. 힘을 가진 사람은 그만큼 선교하기가 어렵다는 말
입니다. 힘과 지식으로 변화시키려는 유혹을 떨치기 힘듭니다.
교회는 주후 1세기 예루살렘에서 시작되었습니다. 그러나 그리
스도인이 그리스도인이라 불리기 시작한 것은 예루살렘이 아니
라 안디옥이었습니다. 이방 선교와 함께 선교적 공동체가 시작
된 것도 예루살렘이 아니라 안디옥이었고, 그리스도인의 정체성
이 형성된 것도 안디옥이었습니다. 그 때문에 안디옥에서 비로
소 그리스도인이라 불리게 된 것입니다. 예루살렘과 안디옥은
근본적으로 다른 환경을 갖고 있었습니다. 예루살렘은 유대인
들의 입장에서 '홈그라운드'입니다. 그들의 전통 속에 있는 것이
지요. 그리스도를 선포할 때도 구약의 언어로 말할 수 있었습니
다. 예루살렘 사람들도 이방 선교에 대해 생각하기는 했지만, 그
때 그들이 생각하는 이방 선교는 예루살렘이 중심이 되고 거기
에 이방인들도 끼워 주는 식이었습니다. 반면에 안디옥은 당시
수십만 명이 거주하는 국제도시였으며, 유대인들은 일부에 지나
지 않았습니다. 일부일 뿐 아니라 소외되고 인정받지 못하는 계
층이었습니다. 그 거대한 도시에서 나그네로 사는 사람들이 '그
리스도인'으로 인정받았다는 것은, 그리스도인의 정체성이 본래
아브라함의 나그네 됨, 그리고 그리스도의 십자가와 그리스도인
의 나그네 됨을 통해, 곧 다원화된 사회에서 문화적 소수자로 살

면서 형성되었다는 것을 말해 줍니다.

베드로전서 2:9의 "[하나님의] 아름다운 덕"에서 "덕"에 해당하는 헬라어 단어는 '아레테'(ἀρετή)이며, '탁월함', '선', '미덕' 등을 뜻합니다. 당시 사람들은 '아레테'라는 말을 어떤 의미로 사용했을까요? 플라톤의 정치 이론은 탁월하고 이성적인 사람, 곧 '철인'이 통치하면 이상 사회가 올 것이라고 주장합니다. 사실 고대 그리스의 지식인들 대다수는 민주정보다는 귀족정을 선호했습니다. 민주주의에 관한 많은 저술을 남긴 아리스토텔레스조차 민주정을 선호하지 않았습니다. 귀족정은 영어로 'aristocracy'입니다. 여기에 '아리스토스'(ἄριστος)라는 말이 들어 있는데, 이 말은 '좋다'라는 뜻을 가진 '아가토스'(ἀγαθός)의 최상급입니다. 즉, '아리스토스'는 'the best'를 의미합니다. 따라서 귀족정은 'rule of the best', 곧 최고의 인간, 최선의 인간이 다스리는 정치 체제를 말합니다. 그것이 고대 그리스의 이상입니다. 그리고 이 안에는 많은 고민이 담겨 있습니다.

플라톤에게서 철인 정치를 배운 아리스토텔레스는 이 이상을 실현해 보고자 알렉산더 대왕의 개인 교사가 됩니다. 그러나 이상 사회는 오지 않았습니다. 로마 시대에 이르러 다시 한번 기회가 옵니다. 탁월한 철학자 세네카가 네로라는 전도유망한 젊은 황제의 개인 교사가 된 것입니다. 네로는 즉위 초기에는 선정을 베풀었지만 결국 폭군으로 변해 버립니다. 권력 싸움 끝에 자기 어머니까지 살해하고 얼마나 기괴한 짓을 많이 했는지 모릅니다. 로마 귀족들 사이에 반란 시도가 끊임없이 일어났고 세네

카를 황제로 옹립하려는 시도도 있었습니다. 성공했다면 철인 통치자를 보게 되었을 것입니다. 네로 황제가 폐위된 68년 한 해 동안만 네 명의 황제가 등장합니다. 네 명의 황제가 서로 죽고 죽이면서 권좌의 주인이 계속 바뀌었습니다. 백 년 후에 다시 한 번 플라톤의 꿈이 실현될 기회가 찾아오는데, 최고의 철학자 마르쿠스 아우렐리우스 황제 때입니다. 마침내 철인이 황제가 되었고 나라는 부강해졌습니다. 후세의 역사가들은 이때를 인류 역사상 가장 행복했던 시기라고 평가했습니다. 이 상황만 놓고 보면 무덤에 있던 플라톤이 벌떡 일어나서 박수를 칠 만합니다. 그런데 아이러니하게도 로마의 최고 전성기에 아우렐리우스 황제가 남긴 『명상록』을 보면 대단히 어둡고 비관적이며, 세상만사가 다 헛되다고 합니다. 정치를 통해 뭔가를 해보겠다는 것이 얼마나 부질없는 짓인가를 말합니다. 아우렐리우스 황제는 스토아 철학자였습니다. 고대 그리스의 많은 철학들이 로마에 와서 스토아학파로 수렴하는 경향을 보였습니다. 스토아주의는 로마의 국정 철학이 되고, 다른 학파는 세력이 약해졌습니다. 그러나 아우렐리우스를 끝으로 스토아학파의 시대도 끝납니다. 철학사가들은 그를 마지막 스토아 철학자라고 부릅니다. 기독교가 공인되면서 세상 철학의 문을 닫은 것이 아닙니다. 그리스·로마 철학은 스스로 쇠퇴하는 가운데 있었습니다. 세상과 인생을 설명하는 능력을 잃어버렸다는 말입니다.

그리스도인 공동체의 자부심

고린도전서 1:25-27을 읽겠습니다.

하나님의 어리석음이 사람보다 지혜롭고 하나님의 약하심이 사람보다 강하니라. 너희를 부르심을 보라. 육체를 따라 지혜로운 자가 많지 아니하며 능한 자가 많지 아니하며 문벌 좋은 자가 많지 아니하도다. 그러나 하나님께서 세상의 미련한 것들을 택하사 지혜 있는 자들을 부끄럽게 하려 하시고 세상의 약한 것들을 택하사 강한 것들을 부끄럽게 하려 하시며.

"약한 것들을 택하사 강한 것들을 부끄럽게 하려 하시며." 얼마나 귀한 말씀입니까? 얼마나 감사합니까? 그런데 문제는 하나님이 언제, 어떻게 그렇게 하시느냐는 것입니다. 이런 말씀을 읽고 그저 "아멘"만 하고 돌아갈 게 아니라 묻고 생각하는 것이 필요합니다. 하나님이 약한 사람들을 택하셔서 강한 사람들을 부끄럽게 하신다고 했는데, 언제, 어떤 방식으로 그렇게 하십니까? 여러분, 생각해 보셨습니까? 어떻게 보면 생각하지 않는 게 편할 수도 있습니다. 이런 문제를 생각하면 괴로워 살 수가 없습니다. 현실은 그렇지 않기 때문입니다. 하나님이 못난 사람들을 들어서 잘난 사람들을 부끄럽게 하신다는데, 실제로는 내가 학력이 모자라서 부끄럽고, 아파트 평수가 작아서 부끄럽고, 가진 게 없어서 부끄럽습니다. 여러분, 이 말씀을 믿습니까? 솔직히 믿기 힘들지 않습니까?

여기는 신학교니까 이 문제에 대해 솔직하게 고민하고 질문해 볼 필요가 있습니다. 언제, 어떻게 강한 자들을 부끄럽게 하신다는 말입니까? 간단한 대답이 있습니다. "천국에 가면, 종말이 오면 그렇게 하실 것이다." 그때까지 참고 살라는 것입니다. 과연 그것이 답일까요? 그렇지 않습니다. 고린도전서 6:1-5을 보겠습니다.

> 너희 중에 누가 다른 이와 더불어 다툼이 있는데 구태여 불의한 자들 앞에서 고발하고 성도 앞에서 하지 아니하느냐. 성도가 세상을 판단할 것을 너희가 알지 못하느냐. 세상도 너희에게 판단을 받겠거든 지극히 작은 일 판단하기를 감당하지 못하겠느냐. 우리가 천사를 판단할 것을 너희가 알지 못하느냐. 그러하거든 하물며 세상일이랴. 그런즉 너희가 세상 사건이 있을 때에 교회에서 경히 여김을 받는 자들을 세우느냐. 내가 너희를 부끄럽게 하려 하여 이 말을 하노니.

우리가 천사를 판단하는 것은 미래에 일어날 일입니다. 종말 때에 주어질 은총입니다. "그러하거든 하물며 세상일이랴"(3절). 이것은 지금의 일입니다. 우리가 '이미'와 '아직 아니' 사이에 있기 때문에 천사를 판단한다는 영광스러운 일은 미래에 있을 현실이지만, 그 미래의 현실을 오늘의 삶에서 살아 내는 것이 그리스도인의 삶이라는 말입니다. "그런즉 너희가 세상 사건이 있을 때에 교회['에클레시아']에서 경히 여김을 받는 자들을 세우느냐. 내가 너희를 부끄럽게 하려 하여 이 말을 하노니." 그 삶의 기준에 의하면, "세상 사건이 있을 때에 '에클레시아'에서 경히 여김을 받는 자들"은 누구입니까? 바로 귀족들입니다. 힘 있는 지역 유지나 판사 같은 권력자들입니다. 세상이 우러러보는 그런 사람들을 하나님의 교회에서는 별로 인정해 주지 않는다는 것입니다.

옛사람들은 사회적 계층이 높으면 도덕적으로도 탁월할 것이라는 선입관을 갖고 있었습니다. 귀족들(the nobles)이 가질 법한 것이 '아레테'(덕)입니다. 예수께서 부자는 천국에 들어가기가 어렵다고 말씀하셨습니다(마 19:23). 그러자 제자들이 "그렇다면 누가 천국에 들어갈 수 있습니까?"라고 묻습니다. 이 물음에는 부자들은 도덕적으로 우월하고 가난한 사람들은 열등하다는 전제가 있습니다. 그러나 '에클레시아'에서는 세상 사람들이 굽신거리고 머리를 조아리는 부자나 권력자들을 인정하지 않는다는 것입니다. 왜일까요? 그들이 사실은 도덕적으로 형편없는 자들임을 알기 때문입니다. 그들은 그저 권력을 이용해서 자기 이익을 추구하는 자들입니다. 그래서 교회 안에서 누가 존경받는가? 누가 귀하게 여김받는가? 누가 장로가 되고, 누가 높임받는가? 그것이 바로 교회의 차별화된 '아비투스'입니다. 세상과 구별되는 명예의 체계입니다. 예수 안에서는 이렇게 명예의 체계가 바뀌게 됩니다. 스스로 종이 되신 나사렛 예수를 주로 섬기는 사람들은 세상에서 잘나고 높고 강한 것들 앞에서 벌벌 떨지 않는다는 것입니다.

마침내, 교회가 희망이다

여러분의 교회에서는 누가 존경받습니까? 어떤 청년이 이쁨받습니까? 신실하게 주님을 섬기고 교회 봉사도 잘하고 너무 믿음이 좋은데 대학은 그저 그런 데 갔습니다. 다른 청년은 신앙생활에서 불성실했는데 명문 대학에 갔습니다. 교회 어른들이, 목사님이나 장로님들이 어느 청년을 더 인정해 줍니까? 세상의 기준과 다를 바 없다면 그 교회는 실패했습니다. 그것이 타락입니다. 예수 그리스도를 짓밟는 일입니다. "성도가 세상을 판단할 것을 너희가 알지 못하느냐"(고전 6:2). 이 판단은 종말에 있을 일이지만, 그 종말의 '아직 아니'를 '이미'로 살아 내는 것, 그 종말에 완전히 실현될 가치관을 오늘 우리의 삶에서 살아 내는 것이 바로 교회(에클레시아)입니다.

여러분, 세상은 부조리합니다. 죄인이 죄인을 심판합니다. 더 큰 죄인이 재판석에 앉아서 판결을 내리는 것이 오늘 우리의 사회입니다. 그래서 이 종말론적 세계관을 말할 때, 가장 중요한 신앙의 핵심이 자부심입니다. 거룩한 자부심입니다. 바울이 그리스도인다운 삶을 위해 주문하는 것은 "너희가 천사도 심판할 영광스러운 신분을 이미 획득했는데, 왜 그 사실을 알지 못하느냐, 왜 자부심을 갖지 못하느냐"는 것입니다. 하나님의 사람들이 하나님의 백성으로서의 자부심을 잃어버리고, 주의 종들이 주의 종으로서의 자부심을 잃어버리면 아무것도 없는 것입니다. 물론 우리는 겸손해야 합니다. 하지만 우리는 하나님의 부르심을 받은 사역자들 아닙니까? 한국교회의 쇠락의 가장 큰 원인은 그 자부심을 잃어버린 것입니다. 제가 어린 시절에는 교회가 작아도, 시골 교회에서 목회를 해도 목사들이 "나는 하나님의 종이다"라는 자부심이 있었습니다. 그러나 지금은 세상이 지나치게 유명세를 좇는 것 같습니다. 상당히 뛰어난 목회자인데 자부심 없이 자신을 '루저'(loser)라 여기는 분들이 많습니다. 제가 존경하는 한 은사님은 후배 목사들을 위해 기도해 주실 때 "이 목사님의 자녀들이 부모가 목회자인 것을 자랑스러워하게 해주옵소서"라는 간구를 자주 하십니다. 저도 여러분과 여러분의 가정, 자녀들을 위해 같은 마음으로 기도합니다. 여러분, 하나님이 내 인생의 주인이시고, 우리가 하나님의 말씀을 전하는 사역자로 부름 받았다는 이 사실만큼 영광스러운 것이 어디에 있습니까? 이 자부심을 잃지 않기를 주님의 이름으로 축원합니다. 베드로전서 3:15을 읽겠습니다.

> 너희 마음에 그리스도를 주로 삼아 거룩하게 하고 너희 속에 있는 소망에 관한 이유를 묻는 자에게는 대답할 것을 항상 준비하되 온유와 두려움으로 하고.

그리스도인들에게 그들 안에 있는 소망의 이유를 묻는 사람들이 있었습니다. 즉, 그리스도인들이 뭔가 다른 방식으로 살아가기 때문에 그들의 '아나스트로페'와 '아비투스'가 사람들의 눈에 띌 수밖에 없었다는 것입니다. 안디옥에서 처음 그리스도인이라고 불렸다는 것은 그들이 눈에 띄었고, 그래서 부를 이름이 필요했다는 말입니다. 그리스도인들이 다르게 살았기 때문에,

물론 그들을 이해하지 못하고 비난하는 사람들도 있었겠지만, 그 삶의 방식을 궁금해하고 자신도 그렇게 살고 싶다는 사람들이 존재했습니다. 그럴 때를 위해 항상 준비하되 "온유와 두려움으로 대답하라"는 것입니다.

여러분, 이러한 태도는 21세기 신학에서 중요한 과제가 되어 있습니다. 제가 시카고 대학교에서 공부를 시작할 때가 1999년이었습니다. 이웃 학교의 어떤 학생이 베드로전서로 논문을 쓰겠다고 해서 이유를 물었더니, 베드로전서로 논문을 쓴 사람이 많지 않아 쉽게 학위를 마칠 수 있을 것 같다고 했습니다. 지금은 베드로전서가 가장 뜨거운 관심을 받고 있습니다. 왜 그럴까요? 나그네의 삶을 말하기 때문입니다. 우리가 나그네, 곧 사회적 주변인이라는 자각이 서구 신학 내에서 생겨나기 시작했습니다. 베드로전서 3:15에 관해 미로슬라브 볼프(Miroslav Volf)는 "soft difference"라는 말을 했습니다. 그리스도인들의 생각과 삶은 세상과 분명한 차이(difference)가 있어야 하지만 그것을 표현할 때는 부드럽게, 곧 "온유와 두려움으로" 해야 한다는 것입니다. "soft difference"란 어물쩍 그냥 세상으로 넘어가자는 말이 아닙니다. 분명하고 단호한 경계, 어제 설교에서 언급했듯이 "너희 중에는 그렇지 않을지니"라는 차별성이 있어야 하는데, 그것을 표현할 때 교만하지 않게 해야 한다는 뜻입니다. 맞는 말을 너무 무례하게 하는 경우가 있지요. 그리스도인들에게 그런 이미지가 있습니다. 사실 말이 어눌하더라도, 논리가 조금 엉성하더라도 괜찮습니다. 사람들을 만나서 한참을 이야기했어도 시간이 지나면 내가 한 말은 다들 잊어버립니다. 그러나 나의 태도는 기억합니다. "그때 그 사람과 무슨 대화를 했는지는 기억나지 않지만 참 겸손하더라." 어쩌면 우리가 말하는 내용보다 말하는 태도가 훨씬 더 중요할지 모릅니다. "Attitude is everything." 옳은 말을 하되, 예의를 갖춰서 하는 훈련을 해야 합니다.

오전에 말씀드린 대로 현대는 어느 하나에 헌신하기를 힘들어하는 시대입니다. 그래서 교회가 점점 가벼워집니다. 어떤 부담도 지우지 않는 교회에 대한 유혹이 있습니다. '가나안 성도'가 늘어나는 것은 뼈아픈 현상이고, 교회를 떠나서 밖으로 도는 그들에게 목회자인 우리가 미안한 마음을 가져야 합니다. 하지만 그런 신앙의 양상이 성경적이지 않다는 것은 분명합니다. '성도'(聖徒)란 '거룩한 무리'입니다. 그러니 공동체 없이 혼자 성도일 수는 없습니다. '가나안 성도'라는 말 자체가 형용 모순입니다. 제가 미국에서 청년 사역을 할 때 "community cohesive as well as open"(응집력 있으면서 열려 있는 공동체)이라는 말을 청년들과 자주 나누었습니다. 우리나라 사람들은 단결을 잘합니다. 자기들끼리 똘똘 뭉칩니다. 그러나 그 무리에 외부인이 들어오기는 힘듭니다. 반면에 어떤 민족은, 특히 미국인들은 매우 개방적인데 응집력이 없는 단점이 있습니다. 초기 기독교를 살펴보면 그 두 가지가 다 있었습니다. 먼저, 내적으로 서로 사랑하고 돌봐 주고 서로를 위해 모든 것을 나누는 삶을 살았습니다. 당시 유대인들 중에는 쿰란 공동체가 이런 면에서 발군이지만 이들은 폐쇄적이었습니다. 그러나 교회 공동체는 밖을 향해서도 열려 있었습니다. "형제 사랑하기를 계속하고 손님 대접하기를 잊지 말라"(벧전 13:1-2). 그것이 초기 기독교의 매력입니다. 여러분이 교회를 이끌어 갈 때 그런 공동체의 소망을 가지면 좋겠습니다.

공동체를 만드는 이야기

톰 라이트(N. T. Wright)는 『그리스도인의 미덕』[5]이라는 책을 썼습니다. 그리스도인의 성품과 관련된 중요한 책으로, 하나님의 '아레테'의 탁월함을 어떻게 현실화할 것인가를 다루고 있습니다. 여기서 톰 라이트는 「허드슨 강의 기적」이라는 영화로도 나온 사건에 관해 이야기합니다. 2009년, 뉴욕 라과디아 공항에서 출발한 비행기의 엔진 하나가 고장 났습니다. 나머지 엔진 하나로 어느 정도 비행을 유지할 수 있었는데, 그 엔진마저 고장 나 버렸습니다. 이 비상 상황에서 조종사가 탁월한 침착성과 기술로 비행기를 강 위에 착륙시키는 데 성공합니다. 그렇게 승객 150명 전원을 한 명의 사상자도 없이 구해 낸 이 사건을 톰 라이트는 그리스도의 성품을 닮는다는 것의 예로 제시합니다. 끊임없이 훈련하고 반복하면 그것이 습관이 되고 성품이 된다는 것입니다. 그것이 초대 그리스도인들이 그리스도를 닮아 간 비결입니다.

고대 그리스의 지성인들은 '4주덕', 곧 지혜, 정의, 용기, 절제를 모두 갖춘 이상적인 인간이 되는 것을 목표로 삼았습니다. 그러나 그리스·로마 세계가 이를 달성하지 못합니다. 그토록 많은 철학자들이 어떻게 좀 더 나은 인간이 될 수 있을지 열심히 연구하고 토론했음에도, 결국 마르쿠스 아우렐리우스처럼 비관적인 전망으로 끝났습니다. 그런데 그리스도인들이 믿음, 소망, 사랑이라는 복음의 성품을 가지고 살다 보니, 헬라 세계의 이상, 곧 지혜, 정의, 용기, 절제도 달성되더라는 게 이 책에서 톰 라이트가 말하는 핵심입니다.

알래스데어 매킨타이어(Alasdair Macintyre)가 쓴 『덕의 상실』(*After Virtue*)[6]이라는 책이 있습니다. 톰 라이트의 『그리스도인의 미덕』의 원제가 "After You Believe"인데, 이 『덕의 상실』에 대한 패러디 같습니다. 톰 라이트는 이 책의 이론을 많이 가져오기도 했습니다. 두 책의 공통된 키워드는 두 가지로, 하나는 이야기(내러티브)이고 또 하나는 공동체입니다. 여러분, 이야기가 상실되면 공동체도 상실됩니다. 좋은 가정이란 좋은 이야기가 많은 가정입니다. 함께 나눌 이야기가 없으면 좋은 가정이 되기 힘듭니다.

앞서 언급한 철학자 알랭 드 보통은 『영혼의 미술관』[7]이라는 재미있는 책을 썼습니다. '뮤지엄'(museum), 곧 현대 미술관에 대해 비평하는 내용입니다. 과거에는 성당이 뮤지엄 역할을 했습니다. 로마 바티칸에 있는 시스티나 성당에 가면 천장에 천지 창조 장면이 그려져 있습니다. 그 외에 예수의 선조와 예언자들도 그려져 있고, 벽면을 따라 출애굽 사건, 예수의 생애와 고난, 부활, 최후의 심판 등 성당 내부가 성경 이야기로 가득 차 있습니다. 거기에 서서 보면, 모든 그림이 하나의 내러티브를 구성하고 있어서 "아, 우리가 이렇게 시작되었고, 우리 앞에 닥칠 미래

는 이런 거구나" 하는 전체 이야기가 전달됩니다. 그 정도는 아
니어도 전통적인 서양 교회에 가 보면 스테인드글라스 위에 성
경 이야기를 쭉 이어서 하고 있습니다. 그러나 현대에는 그런 예
술의 기능이 미술관으로 옮겨졌습니다. 현대 미술관은 예술 작
품을 예를 들어 '르네상스', '인상주의', '입체주의', '현대 미국 미
술' 등으로 구분합니다. 이렇게 분리해 놓고 개별 작품의 분석만
있기 때문에 이어지는 흐름이 없습니다. 현대 미술관의 구도 자
체가 예술 작품과의 만남을 방해한다는 것입니다. 이야기를 잃
어버린 시대, 이것이 현대의 가장 큰 문제입니다.[8]

성경에서 신학하는 방법을 가장 잘 보여주는 예가 느헤미야
9장입니다. 느헤미야가 에스라와 함께 백성들을 모아 놓고 회개
를 촉구할 때 다른 어떤 개념을 설명하지 않습니다. 천지창조부
터 아브라함에 이르는 역사를 이야기할 뿐입니다. 사도행전 7장
에서 스데반이 설교할 때도 아브라함부터 시작해 다윗을 거쳐
예수에게 이르기까지의 이야기를 합니다. 그리고 그 끝에 "우리
가 있다"라는 것이 나의 정체성을 알려 주고, 그렇게 공유된 이
야기가 공동체를 형성하는 것입니다. 히브리서 6:2은 이렇게 말
합니다.

세례들과 안수와 죽은 자의 부활과 영원한 심판에 관한 교훈의
터를 다시 닦지 말고 완전한 데로 나아갈지니라.

이해하기가 대단히 어려운 본문입니다. 여기서 "완전한 데"

가 무엇일까요? "세례들"로부터 "영원한 심판"으로 이어지는 것을 유대교의 교리로 보는 사람도 있고 여러 가지 해석이 가능한데, 저는 이렇게 이해합니다. 이 본문을 보면 꼭 우리가 신학교에서 배우는 조직신학 과목 같지 않습니까? 세례론, 안수론, 부활론 등등 말입니다. 여러분, 초기 기독교에서는 복음이 명사가 아니라 동사로 전파되었습니다. "세례를 받으라"고 말했습니다. "그리스도께서 부활하셨으니 우리도 부활할 것입니다"라고 말했습니다. 모두 동사입니다. 시간이 흘러 이제는 줄여서 한마디로 해도 알아듣게 되었습니다. 그렇게 명사화되고 굳어져 버린 것입니다. 본래는 생명을 살리는 복음이었는데, 내가 누군지 알려 주는 가슴 뛰게 하는 선포였는데 공부할 과목, 시험 과목이 되어 버렸습니다. 동사의 역동성이 사라진 교회가 되었습니다. "완전한 데로 나아갈지니라." 이것은 좀 더 높은 중급 과정에 다른 어떤 '론'이 있다는 말이 아니라, 부활하고 승천하신 그리스도의 삶을 따라가는 가운데 속도감 있게 진행되는 흐름이 있는 삶을 살라는 말입니다. 제가 어제 언급한 "baptized into Christ"의 결과가 '엔 크리스토', 곧 '그리스도 안에' 있는 것입니다. '엔 크리스토'만 있고 그리스도 안으로 들어가는(baptized into Christ) 역동성이 상실된 교회, 'in'이라는 상태만 있고 'into'의 속도감이 사라져 버린 교회니까 재미없는 것입니다.

크리스터 스텐달(Krister Stendahl)이라는 신약학자가 마르틴 루터에 대한 흥미로운 글을 썼습니다. '서구인의 내성적 양심'을 다루는 중요한 글인데, 여기서 이런 질문을 던집니다. "루터는 왜 그토록 많이 번뇌하고 고민했는가?" 초대 교회의 중심 전례는 세례였습니다. 언제나 새로 예수 믿는 사람이 있었고, 자기 인생을 주님께 바치고 세례를 받았으며, 사람들이 함께 세례를 기억하고 경축하는 역동성 있는 교회였습니다. 이후 황제의 권력에 의해 모든 사람이 예수를 믿게 되었습니다. 세례가 없어졌습니다. 유아 세례는 있지만 성인 세례, 곧 성인이 무릎 꿇고 나와서 "저는 죄인입니다. 이제 다른 삶을 살겠습니다. 지금부터 저는 그리스도의 백성입니다"라고 고백하는 세례가 없어졌습니다. 교회를 이끌어 가는 중심 전례가 없어진 것입니다. 그 중심에 대신 들어선 것이 고해성사입니다. 이제는 목회적 노력이 전도해서 세례를 베푸는 게 아니라, 고해성사를 하라는 것으로 바뀌게 되었습니다. "너 죄지었지? 고해성사 해야 한다." 그래서 루터처럼 마음 약한 사람은 하루에도 몇 번씩 고해성사를 했습니다. 그런다고 해서 죄 문제가 해결될까요? 그렇지 않습니다. 루터가 나중에 은혜를 체험하고 나서 마귀의 흔드는 시험을 받을 때마다 했던 말이 있습니다. "나는 세례 받았다"(Baptismus sum).

여러분, 우리가 구원을 이야기할 때 지나치게 여러 층으로 구분하고 칭의니 성화니 하며 다 잘라 놓으니까 힘이 사라지는 것입니다. 우리가 삶으로 살아 내던 것이 개념이 되어 버렸습니다. 생명을 맛보던 성찬이 논쟁의 대상이 되고, 형이상학적 사변의 대상이 되었습니다. "완전한 데로 나아갈지니라." 이 말씀은 승천하신 그리스도를 쫓아 하나님의 휘장 안으로 들어가는 역동성, "보혈을 지나 하나님 품으로" 들어가는 운동성을 교회가 회복해야 한다는 뜻입니다. 동사가 살아나야 합니다. 동사가 명사화되고 개념화된 복음, 공부 과목이 된 신학은 힘이 없습니다. 물론 공부도 필요하지만, 그것을 구체적인 삶의 자리에서 살아 내야 합니다. 하나님이 우리와 함께하시는 그 역동성을 우리가 맛보면서 살아야 합니다. 부족하지만 하나님의 뜻대로 살아가는 공동체 안에서 우리의 성품이 형성되어 갑니다. 내가 빚어져 갑니다. 그래서 공동체가 중요합니다.

제가 최근에 읽은 에세이집에 이런 대목이 나옵니다. "성가시게 여기던 길냥이에게 애틋한 마음이 생긴 것은 순전히 지인 덕분이다. 유난히 고양이를 사랑하는 그로 인해 집 없는 것에 대해 연민이 생긴 것이다. 요즘 말로 하면, 누군가를 애정할 때는 그 누군가가 애정하는 것에 대해서도 눈 하나가 더 생기는 것이다. 생명 있는 것뿐만이 아니다. 사물도 마찬가지다."[9] 여러분도 그런 경험이 있습니까? 내 친구가 뭔가를 좋아하면 나도 그것을 좋아하게 됩니다. 내가 사랑하는 사람이 뭔가를 소중히 여기면, 나도 그것을 똑같이 소중히 여기게 됩니다. 그리스도인의 공동체도 이와 같습니다. 길냥이들, 배고픈 이들, 사회적 약자들에게 별 관심이 없었는데 이제 관심이 생기고 소중히 여기게 됩니다. 교회에 와서 눈물 흘리는 사람을 보고 나도 눈물이 납니다. 그러면서 그 공동체 안에서 우리가 그리스도의 성품을 닮아 가는 것입니다.

하나님께서 천지를 창조하시고 "보시기에 좋았더라"고 말씀하신 데는 두 가지 의미가 있습니다. 하나는 도덕적으로 선하다는 뜻이고, 다른 하나는 미학적으로 아름답다는 뜻입니다. 이 '아름답다'는 말을 우리가 놓치면 안 됩니다. 보수적인 신학 전통은 도덕적으로 반듯하게 사는 것을 강조해 왔습니다. 그러다 보니 하나님의 뜻대로 사는 사랑의 공동체의 아름다움을 보는 눈, 나 자신이 하나님께서 보시기에 얼마나 아름다운지 알아보는 눈, 그리고 그것을 아는 마음이 우리에게 약해졌습니다. 하나님의 아름다움과 우리 자신의 아름다움, 피조 세계의 아름다움을 보는 눈을 우리가 회복해야 합니다. 이는 복음의 중요한 본질에 속합니다.

하나님이 주시는 회복은 선함과 아름다움을 함께 포함합니다. 그리고 그 회복은 복음의 진리에서 시작됩니다. '진선미'(眞善美)는 인류의 공통 가치입니다. 성경적 진리와 하나님의 진리를 우리는 양보하거나 타협할 수 없습니다. 그러나 실천 면에서는 공동선을 지향해야 합니다. 교회에서 꺼내기만 하면 싸우게 되는 주제들이 있지요. 정치적인 문제든, 사회적인 문제든 간에 그런 일에 너무 깊이 관여할 필요는 없습니다. 어떤 일을 교회가 목소리 높여 반대한다고 해서 대단한 영향력이 있는 것도 아닙니다. 기후변화 문제 등 우리 사회가 함께 합의하고 추구할 수 있는 선한 일이 많습니다. 「더 글로리」라는 드라마, 저도 아픈 마음으로 보았습니다. 학교폭력 문제가 얼마나 심각합니까? 학교 생활에 잘 적응하지 못하고 따돌림을 당하는 아이들이 있다면, 우리 교회 청소년들이 그 아이들 옆에 있어 주기만 해도 학교가 많이 바뀌지 않겠습니까? 학생들의 고통이 커지는 만큼 선생님들의 어려움도 이만저만이 아닙니다. 우리 그리스도인들이 선생님들의 아픔을 헤아리고 지지해 주는 학부모가 되는 것만으로도 우리 사회는 많이 밝아질 수 있습니다. 그것이 공동선입니다. 저는 포항에서 생명의전화 원장으로도 사역하면서 자살 예방 캠페인을 열심히 하고 있습니다. 그리고 우리 교회는 사순절 동안 모든 성도가 '플로깅'(plogging)에 참여하고 있습니다. 노인 성도부터 교회학교 아이들까지 함께 즐겁게 참여하면서 생각이 바뀌고 몸의 습관이 바뀌는 것을 봅니다. 그것이 우리의 목표입니다. 프로그램 자체가 중요한 게 아니라, 함께 선한 일을 하면서 우리 삶의 방식이 바뀌고 하나님의 아름다운 덕을 선포하는 공동체로 자라나기를 바라는 마음입니다.

하나님의 진리, 공동선, 저마다의 아름다움

이미 언급했듯이, 폴 틸리히는 인간에게 세 가지 소외, 곧 존재의 근원으로부터의 소외, 이웃으로부터의 소외, 그리고 나 자신으로부터의 소외가 있다고 했습니다. 하나님의 진리를 추구하고 이웃과 함께 공동선을 지향하는 것은 앞서 이야기한 방식으로 상응합니다. 마지막으로, 나 자신으로부터의 소외가 있습니다. 죄의 치명적인 결과 중 하나는 나를 사랑할 수 없게 만드는 것입니다. 나는 충분히 아름다운데, 하나님이 용납하셨는데, 죄 때문에 자기 자신으로부터 소외되다 보니 내가 자신을 사랑하기 힘들게 된 것입니다.

마침내, 교회가 희망이다

앞으로 올 시대의 사역에서 가장 중요한 두 가지 가치를 뽑으라면 자생력과 다양성입니다. 우리는 스스로 살아남아 사역 현장을 개척해 나갈 수 있는 자생력이 있어야 합니다. 다양성이란 어느 한 가지 사역 모델을 따를 게 아니라, 나에게 맞는 모델을 찾고 개발해야 하다는 것입니다. 내가 나를 사랑하지 못하면, 남의 것을 베끼기나 하지 자기 사역은 하기가 힘듭니다. 나의 재능과 성격, 내가 했던 경험들을 용납하고 사랑할 줄 알아야 거기서부터 내 사역이 시작됩니다. 남의 사역을 참고할 때도 철저하게 자기 것으로 만들 수 있어야 합니다. '나 자신으로부터의 소외' 문제를 해결해야 사역을 제대로 할 수 있습니다. 마태복음 11:16-19을 읽겠습니다.

이 세대를 무엇으로 비유할까. 비유하건대 아이들이 장터에 앉아 제 동무를 불러 이르되 우리가 너희를 향하여 피리를 불어도 너희가 춤추지 않고 우리가 슬피 울어도 너희가 가슴을 치지 아니하였다 함과 같도다. 요한이 와서 먹지도 않고 마시지도 아니하매 그들이 말하기를 귀신이 들렸다 하더니 인자는 와서 먹고 마시매 말하기를 보라, 먹기를 탐하고 포도주를 즐기는 사람이요 세리와 죄인의 친구로다 하니. 지혜는 그 행한 일로 인하여 옳다 함을 얻느니라.

이 본문을 과거에 많은 분들이 이렇게 이했습니다. "왜 피리를 불어도 춤추지 않습니까? 우리가 앞에서 박수 치면서 열심히 찬양하고 말씀을 전하면 '아멘' 하면서 반응을 좀 해야 하지 않습니까?" 그러나 주석들을 살펴보면, 정반대의 의미로 읽을 수 있다는 것을 알게 됩니다. 본문의 맥락을 잘 생각해 보십시오. 세례 요한은 금욕적인 사역을 했습니다. 그를 보고 사람들이 뭐라고 했습니까? "저 사람, 뭘 그렇게 별나게 하는가?" 예수께서 오셔서 정반대 방식으로 사역을 하시니 또 뭐라고 했습니까? "세례 요한은 금식하는데, 저 사람은 왜 금식하지 않는가?" 즉, "너희를 향해 피리를 불어도 너희가 춤추지 않는다"라고 말하는 사람은 권력자입니다.

여러분, 아이들이 노는 동네 놀이터에도 권력이 작동하고 있다는 사실을 아십니까? 예를 들어, 나는 그냥 저기 앉아서 구슬놀이를 하고 싶은데 다른 아이들이 축구를 하자고 합니다. 안 한다고 하면 괴롭힙니다. 그것이 권력이고 폭력입니다. 미셸 푸코(Michel Foucault)가 말한 "미시 권력"입니다. 예전에는 권력이 청와대나 검찰, 군대 같은 곳에만 있는 줄 알았는데 그게 아니라 동네 놀이터에도 권력이 있다는 것입니다. 대장 노릇하는 아이가 권력자인 셈입니다. 바로 바리새인 같은 자들이지요. 그들은 세례 요한에게는 예수처럼 살지 않는다고 비난했고, 예수에게는 세례 요한처럼 살지 않는다고 질타했습니다. 예수께서 보시기에 세례 요한은 이스라엘 역사 가운데 가장 창조적인 사람이었습니다. 그러나 사람들은 세례 요한을 미친 사람으로 취급하고 죽입니다. 예수에게도 마찬가지였습니다. 동네 놀이터의 권력과 이 세상의 권력은 그렇게 다르지 않습니다.

공자가 『논어』에서 이런 말을 합니다. "군자는 화이부동(和而不同)하고, 소인은 동이불화(同而不和)한다." 화이부동, 곧 똑같지 않지만 서로 화합한다는 말입니다. 그것이 군자입니다. 소인은 어떻습니까? 겉으로는 같아 보이지만 불화합니다. 똑같은 옷을 입히고 똑같이 행동하게 해도 불화합니다. 많은 공자학자들이 "화이부동, 동이불화"가 『논어』의 핵심 사상이라고 주장합니다. 그런데 예수의 말씀을 보면 이것과 많이 닮아 있지 않습니까? 세례 요한과 예수는 서로 스타일이 너무 다릅니다. 극과 극이라고 할 수 있습니다. 그럼에도 서로를 인정합니다. 동양적인 말로 하면, 세례 요한과 예수가 군자입니다. 반면에 바리새인들은 "동이불화"합니다. 똑같은 것 같으면서도 화합하지 못하는 소인들입니다.

여러분, 진리는 우리를 얽어매거나 획일화하는 것이 아닙니다. "진리가 너희를 자유롭게 하리라"(요 8:32). 진리는 내가 나답게 살 수 있게 해주는 자유요 능력입니다. 복음의 진리를 만난 사람은 하나님이 나를 사랑하시는 줄 알기 때문에 '내가 이렇게 말하면 다른 사람들 눈에 좀 촌스러워 보이지 않을까? 이렇게 사는 거 시시해 보이지 않을까?' 하는 걱정에서 해방됩니다. 무엇이 폭력입니까? "이런 것은 촌스러운 거야, 이렇게 살아야 해, 공부는 이 정도는 해야지." 이렇게 말하는 것입니다. 내가 나를 못나게 여기고 사랑하지 못하게 하는 문화, 내 삶의 방식을 자신 있게 만들어 가지 못하고 나를 나 자신으로부터 소외되게 하는 이 문화는 악하고 타락한 문화입니다. 여러분, 거기서 해방되기를 주님의 이름으로 축원합니다.

사역도 마찬가지입니다. 여러분, 앞으로는 누가 무슨 사역을 했다고 해서 세미나에 가서 배우고 그대로 하면 되겠지 하는 생각은 하지 마십시오. 제가 목사님들을 만날 때마다 그런 세미나 좀 찾아다니지 말라고 합니다. 왜냐하면 그 사역은 그분이 한 것이고 그 지역에서 통한 것입니다. 교회성장 세미나를 하는 목회자들 중 적지 않은 분들이 자신의 교회가 왜 성장했는지도 모릅니다. 자기가 설교를 잘하거나 프로그램이 좋아서 성장한 게 아니라, 주위에 아파트가 들어서서 성장한 것이지요. 사후의 해석을 갖다붙여 성공 비법으로 제시하는 세미나를 듣고 와서 자기 교회에 그대로 적용한다고 잘될 리가 없습니다. 요즘에는 목사들이 무슨 세미나에 간다고 하면 교인들이 '또 뭘 가지고 우리를 괴롭힐까' 하고 걱정합니다. 물론 다른 사람의 경험은 중요합니다. 열린 마음으로 다른 교회의 상황을 들어 보고 서로 배울 수 있습니다. 우리가 할 수 있는 일은 서로 영감을 불어넣는(inspiring one another) 존재가 되는 것입니다. 그대로 따라 하는 게 아니라 다른 사람이 생각하고 사역하는 것을 귀담아듣고 눈여겨보며, 하나님께서 어떻게 역사하시는가를 발견해 가는 것입니다. "서로 돌아보아 사랑과 선행을 격려하며"(히 10:24). 이 말씀을 저는 이렇게 해석합니다. 서로에게 영감을 불어넣는 존재가 되라!

어느 날 산이 강에게 말했습니다. "강아, 나는 네가 참 부럽다. 늘 살아서 움직이니까." 강이 산에게 대답했습니다. "무슨 소리야, 산아. 나는 네가 늘 부러웠어. 한 자리에 변함없이 서 있는 게." 강은 강의 삶이 있고 산은 산의 삶이 있습니다. 나는 나의 숨결이 있고 너는 너의 숨결이 있습니다. 같아질 필요 없습니다. 다른 채로 우리는 서로 용납할 수 있고 사랑할 수 있습니다. 꽃들 하나하나가 다 다른 모양, 다른 빛깔을 갖고 있기 때문에 아름다운 꽃밭을 이루듯이, 여러분이 앞으로 목회하게 될 이 한국교회에는 다양한 빛깔과 형태의 사역이 필요합니다. 그것을 하나님께서 이미 여러분에게 주셨습니다. 나 자신의 모습을 사랑하고, 나 자신을 훈련시켜 나가면, 반드시 하나님께서 기뻐하시는 모습으로 꽃피고 열매 맺을 줄 믿습니다.

홍순관 씨의 노래 "나처럼 사는 건"입니다.

들의 꽃이, 산의 나무가
가르쳐 줬어요
그 흔한 꽃이, 산의 나무가
가르쳐 줬어요
나처럼 사는 건 나밖에 없다고
강아지풀도 흔들리고 있어요
바람에

저 긴 강이, 넓은 바다가
가르쳐 줬어요
세월의 강이, 침묵의 바다가
가르쳐 줬어요

나처럼 사는 건 나밖에 없다고
강아지풀도 흔들리고 있어요
바람에

저 긴 강이, 넓은 바다가
가르쳐 줬어요
들의 꽃이, 산의 나무가
가르쳐 줬어요

들의 꽃이, 산의 나무가 자기처럼 사는 것은 자기밖에 없다고 우리에게 일러 줍니다. 저는 그렇게 자기 숨을 쉬고 사는 삶이 평화의 시작이자 완성이라고 생각합니다. 자기 숨을 쉰다는 게 참 쉽지 않습니다.

여러분, 내가 내가 되어야 하나님의 은혜 안에서 진정으로 나를 사랑하고 나의 아름다움을 인정할 수 있습니다. 그래야 내 아름다움이 표현되는 사역을 할 수 있습니다. 아우구스티누스는 이런 말을 했습니다.

내가 주님을 찾고 있을 때, 나는 어디에 있었습니까? 주님은 바로 내 앞에 계셨지만, 나는 내 자신으로부터 멀리 떠나 내 자신도 찾을 수 없었기 때문에, 주님을 찾는 것은 더더욱 불가능했습니다.

"주님이 내 앞에 계셨는데, 내가 나 자신으로부터 너무 멀리 떠나 있어서 주님을 찾을 수 없었다." 얼마나 대단한 고백입니까? 여러분, 주님의 사랑을 의지하기를 주님의 이름으로 축원합니다. 그럴 때 내가 나 될 수 있습니다. 우리는 겸손해야 하지만, 하나님께서 창조하신 나 자신을 사랑할 수 있어야 합니다. 그럴 때 나의 사역을 할 수 있습니다. 우리 한 사람 한 사람이 다 참으로 귀한 하나님의 사람이고 사역자입니다. 다른 누구의 것이 아니라 하나님이 내게 주신 것으로 하나님께 영광 돌리는 주의 백성이 되기를 축원합니다.

5강
마침내, 교회가 희망이다

2023년 3월 24일 금요일 오전 결단 예배

―――― 그 주간의 첫날에 우리가 떡을 떼려 하여 모였더니 바울이 이튿날 떠나고자 하여 그들에게 강론할새 말을 밤중까지 계속하매 우리가 모인 윗다락에 등불을 많이 켰는데 유두고라 하는 청년이 창에 걸터앉아 있다가 깊이 졸더니 바울이 강론하기를 더 오래 하매 졸음을 이기지 못하여 삼 층에서 떨어지거늘 일으켜 보니 죽었는지라. 바울이 내려가서 그 위에 엎드려 그 몸을 안고 말하되 떠들지 말라. 생명이 그에게 있다 하고 올라가 떡을 떼어 먹고 오랫동안 곧 날이 새기까지 이야기하고 떠나니라. 사람들이 살아난 청년을 데리고 가서 적지 않게 위로를 받았더라.

사도행전 20:7-12

교회, 희망을 말할 수 있는가

한국사진기자협회는 매달 '이달의 보도사진상'을 선정합니다. 지난해 3월에는 "해 질 녘 산불진화 헬기의 마지막 비행"이라는 제목의 사진이 선정되었습니다. 당시 경북 울진에서 발생한 산불을 진압하기 위해 물을 가득 실은 헬기가 저물어 가는 태양 쪽으로 향하는 모습을 담았습니다. 해가 지면 헬기가 더 이상 진화 작업을 할 수 없기 때문에 한 번이라도 더 물을 쏟아부으려는 소방관의 간절함이 느껴집니다. 그런데 헬기에 달린 물주머니가 너무 작아 보입니다. 이 사진을 보면, 지금 한국교회의 모습이 겹쳐서 이제 우리에게 시간이 얼마 남지 않았다는 안타까움과, 문제 해결을 위해 동원할 수 있는 우리의 역량이 너무 빈약하다는 자각에 좌절감을 느끼기도 합니다.

한국교회가 여기저기서 얻어맞고 무너지는 소리가 들리는데 우리가 지금 열심히 한다고 해서 무슨 소용이 있을까요? 우리가 하나님께 간절히 기도하고 헌신한다고 해서 이 불을 끌 수 있을까요? 무너져 가는 한국교회, 우리 세대가 살려 낼 수 있을까요? 그 소방관의 심정을 생각해 봅니다. 불길이 맹렬하게 치솟는데 내가 가진 자원은 한계가 있다는 것을 잘 알고 있습니다. 그래도 마지막까지 할 일을 다하는 소방관의 자세를 배우고 싶습니다.

"교회가 희망이다." 이런 말은 많이 하지만, 사실 말하는 사람도 힘이 실리지 않고 듣는 사람도 그냥 지나치는 말로 듣게 되는 것이 현실입니다. 제가 오늘 설교 제목에 '마침내'를 붙인 이유는, 교회가 희망인 것은 분명하지만 그렇게 말하기 위해서는 어떤 전제가 필요하다고 생각하기 때문입니다. 하나님께서 교회를 세상의 희망으로 세우셨는데 그 사실이 흔들린다면, 실감나게 다가오지 않는다면 어디서 잘못된 것인지 점검해야 합니다. 우리가 희망이라고 말하는 그 교회가 어떤 교회인지 고민해야 합니다. 이것이 제가 이번에 다섯 차례 말씀을 전하는 동안 갖고 있던 문제의식입니다.

1954년 3월 말, 미국 워싱턴 주 벨링햄의 몇몇 주민이 자신의 차 앞유리에서 작은 구멍 또는 움푹 팬 자국을 발견합니다. 관할 경찰은 비비탄이나 산탄총을 쏘아 훼손한 것으로 추정했습니다. 많은 차들이 그랬는데 범인은 잡히지 않았습니다. 벨링햄 남쪽의 이웃 도시들에서도 비슷한 현상이 나타났고, 2주 후에는 파손 접수 차량이 2천 대에 달했습니다. 4월 중순에 인근 대도시 시애틀까지 이 현상이 도달하자 언론 보도가 시작되었습니다. 원인에 대한 갖가지 추측이 난무했는데, 방사능이나 태양광의 변화 때문이라는 주장이 등장하기도 했습니다. 4월 16일, 시애틀 시장은 당시 워싱턴 주지사였던 아이젠하워에게 연방기관 병력을 파견하든지 조치를 취해 달라는 요청 공문을 보냈습니다. 주 정부 차원에서 과학자들로 구성된 위원회를 꾸려 사건을 조사해 보니 결과는 놀라울 정도로 단순했습니다. 사람들이 그렇게 두려워하며 호들갑 떨던 그 현상은, 차를 운전하다 보면 모래 알갱이 등이 튀어서 일상적으로 생길 수 있는 흠집이었습니다. 그 흠집은 어느 지역에 있는 어느 차에나 다 있는 정도였는데, 갑자기 사람들이 관심을 갖게 된 것입니다. 이를 뒷받침하는 강력한 증거는 문제의 지역에서도 새로 구입한 차는 흠집이 전혀 발견되지 않았다는 것입니다. 허무한 결말이지만 당시 대단히 큰 사건이었습니다. 한때 베스트셀러였던 『넛지』라는 행동경제학 책에 나오는 이야기입니다.[1]

제가 신대원에 다닐 때는 강사로 오시는 분들이 가장 많이 하신 말씀이 "신학 공부 해봐야 소용없다"였습니다. 지금 생각해 보면 그 말 배후에는 "나는 신학 공부 제대로 안 했지만 교인 수천 명 되는 교회를 키웠다" 같은 자신감이 있었던 것 같습니다. 30여 년 후, 제가 한일장신대에서 경건처장을 맡았을 때는 레퍼토리가 완전히 바뀌었습니다. 이제 단골 메뉴는 "한국교회의 위기"입니다. 강사 목사님은 한 번 설교하고 가시니 그게 하고 싶은 말이겠지만, 듣는 사람들은 맨날 "위기다, 위기다" 하니 힘이 빠집니다. 누가 모르나요? 무슨 대책이라도 내놓든지, 어떤 비전도 없으면서 통계 자료만 잔뜩 가져와서는 "위기다" 하고 그냥 가 버립니다. 여러분, 맞습니다. 한국교회의 위기입니다. 부인하기 힘듭니다. 그런데 언제부터 위기였을까요? 차 유리에 생긴 흠집처럼 오래전부터 있었는데 우리가 모르고 있다가 이제야 발견하고 위기라고 호들갑 떨고 있는 것은 아닙니까? 어쩌면 한국교회가 잘나간다고 했던 시절, 위치 좋은 곳에 교회 간판만 달면 사람들이 구름처럼 몰리고, 그래서 목회자들이 자신에게 뭔가 대단한 능력이 있어 큰 교회를 일구었다고 자만하던 그 시절, 그 때 교회에 상처가 가장 깊게 파이기 시작한 게 아닐까요?

교회가 세상의 빛이라는 말은

여러분, 지금 우리는 어떤 교회가 되어야 할까요? 예수께서는 교회가 세상의 빛이라고 말씀하셨습니다. "너희는 세상의 빛이라. 산 위에 있는 동네가 숨겨지지 못할 것이요"(마 5:14). 이 빛이 무슨 빛입니까? 여기 교회 건물이 있다고 알려 주기 위한 십자가 네온사인일까요? 아니지요. 그것은 교회 선전의 빛도 아니고, 프로그램의 빛도 아니고, 생활의 빛입니다. 이스라엘에 가 보면 언덕 위에 있는 도시들이 많습니다. 거기서 사람들이 생활하다 보면 자연스럽게 빛이 새어 나오게 되지요. 일부러 햇불을 높이 들지 않아도, 네온사인을 켜지 않아도 동네가 살아 움직이면 그 자체가 빛이 됩니다. 빛이란 본래 드러내기보다 감추기가 더 힘든 것입니다. 이것이 산 위의 동네가 숨겨질 수 없다는 말씀의 의미입니다. 세상의 빛이 되기 위해서 특별한 교회가 될 필요 없습니다. 예수께서는 "너희는 세상의 빛이 되어라"고 명령하신 게 아니라, "너희는 세상의 빛이라"고 선언하셨습니다. 우리 안에 이미 빛이 있습니다. 교회가 교회답게만 되면, 특별히 유명한 교회나 화려한 교회가 아니어도 세상의 빛으로 살아가는 것입니다. "너희가 서로 사랑하면 이로써 모든 사람이 너희가 내 제자인 줄 알리라"(요 13:35). 이 세상은 자신의 이익을 위해 서로를 이용하는 전쟁터입니다. 예나 지금이나 마찬가지입니다. 그 속에 진실로 사랑을 행하는 공동체가 있다면 드러날 수밖에 없습니다.

오늘 본문은 드로아라는 도시에서 일어난 일을 보도하고 있습니다. 바울은 그 인근 도시 에베소에서 3년간 사역을 하고 큰 부흥을 경험합니다(행 19:1-20). 그 후 에베소에서 소동이 일어나 피신해야 하는 상황이 벌어질 즈음에, 바울은 이미 로마에 가서 복음을 전하겠다는 비전을 갖습니다(행 19:21). 이제 떠나야 하는 바울은 자신이 섬기던 소아시아 지역의 교회들을 차례로 방문하면서 말씀을 증거합니다. "그 주간의 첫날에 우리가 떡을 떼려 하여 모였더니 바울이 이튿날 떠나고자 하여." 작별의 시간이 왔음을 서로 잘 알고 있습니다. 우리가 사랑하는 영적 지도자, 주의 종 바울을 이 땅에서는 다시 볼 수 없다는 애틋함이 묻어나는 장면입니다. "그들에게 강론할새 말을 밤중까지 계속하매 우리가 모인 윗다락에 등불을 많이 켰는데." 저는 이 말씀을 읽으면 드로아 해변의 어떤 집이 떠오르는 것 같습니다. 성경을 묵상하며 풍부한 상상력을 발휘하기 위해서는 어느 정도 역사적 지식, 구체적으로 사회사적 지식이 필요합니다. 예를 들어, 드로아 공동체가 모이던 공간은 어떤 모습이었을까요?

로마 시대에는 '인슐라'(Insula)라는 아파트가 있었습니다. 전형적인 인슐라는 10평 정도 되는 원룸입니다. 주방 시설이 없어 음식은 밖에서 사 먹거나, 숯으로 간단한 요리를 했습니다. 그러면 집 안에 연기가 가득 찼겠지요. 옆집뿐만 아니라 몇 집 건너의 소리까지 다 들리는 허술한 구조의 주택이었습니다. 당시 도시는 인구 밀도가 상당히 높았고, 그렇게 밀집해서 살다 보니 전염병이나 화재도 많았으며, 도시마다 기근에 시달리고 폭동과 소요도 많이 발생했습니다. 우리가 이상으로 삼고 "돌아가자" 하는 초대 교회의 자리가 그런 자리였습니다. 그렇게 조그만 아파트에 빽빽하게 모여서 예배를 드렸습니다. 당시에는 대체로 설교자는 앉고, 듣는 사람들은 서서 들었습니다. 초대 교회는 거의 3백 년 동안 건물을 짓지 않았습니다. 혹시 교인 중에 큰 저택을 소유한 사람이 있으면 거기서 모일 수 있었습니다. 부자들이 있었던 고린도 교회가 그런 경우입니다. 그러면 고린도 교회가 평안하고 모범적인 교회였는가? 그렇지 않습니다. 바울이 보기에는 가장 문제가 많은 교회였습니다.

드로아는 다행인지 불행인지 교인 중에 그런 저택을 가진 사람이 없었던 것 같습니다. 그래서 조그만 아파트에 빽빽하게 모여 떡과 잔을 나누고 예배를 드렸습니다. 안식 후 첫날 주일이었습니다. 그런데 밤에 모였습니다. 우리처럼 오전 11시에 모이지 않고 왜 밤에 모였을까요? 주일에 예배드리라고 누가 시간을 줍니까? 유한계층(leisure class)은 시간이 자유로웠겠지만, 대다수는 열심히 일해야 겨우 먹고사는 사람들이었습니다. 그리고 적지 않은 사람들이 노예였습니다. 믿지 않는 남편에게 밥 차려 주고 몰래 혹은 눈치 보고 나와야 하는 여자들도 있었습니다. 하루 종일 일하고 와서, 선 채로 밤새도록 바울의 설교를 들었습니다. 그들이 어떤 차림으로 왔을까요? 우리에게 거기 있으라고 하면 냄새 때문에 5분도 못 참았을 겁니다. 그것이 초대 교회였습니다.

저는 본문에서 "우리가 모인 윗다락에 등불을 많이 켰는데"라는 말이 참 좋습니다. "교회는 세상의 빛이다. 산 위의 동네가 숨겨지지 못할 것이다"라는 말씀이 이런 식으로 구체화되는구나 싶습니다. 그 깜깜한 드로아, 해변 도시에 한 집이 잠들지 않고 깨어 있습니다. 불이 환하게 켜져 있습니다. 저는 '교회'라고 하면 늘 드로아의 이 장면을 상상합니다. 전염병과 기근, 가난과 폭력에 시달리는 그 마을에, 팍팍한 삶에 찌든 사람들이 퀭한 얼굴을 하고 다니는 그 거리에 유독 한 집이 불을 환하게 켜고 있는 모습, 이것이 교회구나! 사람들이 말씀을 듣기 위해 모이면 그것이 자연스럽게 빛이 되는 것입니다.

교회에 닥친 위기

물론 이 교회에도 어려움은 있었습니다. 한 청년이 죽었습니다. 얼마나 큰 시험입니까? 어려움 없는 교회가 없습니다. 그러나 하나님이 살리셨습니다. 하나님이 계신 공동체에는 치유와 회복의 역사가 있습니다.

오늘 본문에는 매우 중요한 질문이 있습니다. 치유의 과정을 보십시오. 바울이 언제, 어떤 방식으로 유두고를 살리는지 다시 살펴보겠습니다(행 20:9-11).

> 유두고라 하는 청년이 창에 걸터앉아 있다가 깊이 졸더니 바울이 강론하기를 더 오래 하매 졸음을 이기지 못하여 삼 층에서 떨어지거늘 일으켜 보니 죽었는지라. 바울이 내려가서 그 위에 엎드려 그 몸을 안고 말하되 떠들지 말라. 생명이 그에게 있다 하고 올라가 떡을 떼어 먹고 오랫동안 곧 날이 새기까지 이야기하고 떠나니라.

바울이 유두고를 언제 살렸습니까? 사람들이 청년의 죽음을 확인한 후, 그가 "내려가서 그 위에 엎드려 그 몸을 안고 말하되 떠들지 말라. 생명이 그에게 있다"고 말합니다. 그러고는 다시 올라갑니다. 우리 생각에는 "주여!" 부르짖거나 안수하며 "아멘, 할렐루야!" 하는 장면이 있어야 할 것 같습니다. 바울은 그저 "괜찮아" 하고 올라가서는 떡을 떼어 먹고 날이 새기까지 그 지겨운 설교를 계속합니다. 무슨 이런 일이 다 있습니까? 그냥 올라갔습니다. 그 자리에서 바로 살리지 않았습니다. 바울은 왜 그랬을까요?

여러분, 지금 바울의 시대가 끝나 갑니다. 그러나 하나님의 역사는, 하나님의 교회는 계속됩니다. 남은 사람들은 계속 그 자리를 살아가야 합니다. 만약 이 대목에서 바울이 "비켜 봐. 내가 할게. 내가 기도하면 돼. 주여, 일으켜 주옵소서!" 해서 청년이 살아났으면 어떻게 되었을까요? 나중에 교회가 또 비슷한 어려움에 처하면 "바울 선생님이 계셔야 하는데 큰일 났다"며 낙담과 좌절에 빠지지 않았을까요? '스타 목사' 바울이 지나간 자리, 그 추억의 그늘에서 그때가 좋았다며 눈물짓는 나약한 공동체가 되었을 것입니다. 여러분, 신앙은 과거에 묻힌 하나님이 아니라 오늘 살아서 역사하시는 하나님을 믿는 것입니다. 여호수아 1:6-7을 읽겠습니다.

> 강하고 담대하라. 너는 내가 그들의 조상에게 맹세하여 그들에게 주리라 한 땅을 이 백성에게 차지하게 하리라. 오직 강하고 극히 담대하여 나의 종 모세가 네게 명령한 그 율법을 다 지켜 행하고 우로나 좌로나 치우치지 말라. 그리하면 어디로 가든지 형통하리니.

이 학교에서 훈련받고 사역 현장으로 나아가야 할 여러분에게 주시는 주님의 말씀으로 받기를 축원합니다. 이 말씀을 주시기 위해 여호수아서 첫 구절은 이렇게 시작합니다. "여호와의 종 모세가 죽은 후에"(수 1:1). 새 역사가 시작되려면 모세가 죽어야 했다는 느낌이 들지 않습니까? 2절을 보면 더 분명해집니다. "내 종 모세가 죽었으니." 하나님이 여호수아에게 하시는 말씀입니다. 모세의 죽음이 새 역사가 시작되기 위한 전제 조건이라는 것처럼 들립니다.

모세가 죽었습니다. 40년 동안 모세만 보고 따라온 백성들, 남겨진 그들의 마음은 어떠했을까요? 위대한 지도자 모세의 뒤를 이어서 백성들을 이끌어야 하는 여호수아의 마음은 또 어떠했을까요? 그러나 진실로 위대한 역사는 지금부터 시작됩니다. 모세가 훌륭하긴 했지만, 사실 광야에서 유랑하느라 시간을 보낸 것밖에 없지 않습니까? 모세가 그랬듯이, 광야를 돌아다니라면 여호수아도 뭔가 감이 잡혔을 것입니다. 그러나 이제 여호수아는 전혀 경험도 없고 전례도 없는 일에 도전해야 합니다. 약속의 땅을 정복하는 것입니다.

영웅 서사에 빠지지 않기 위해

모세는 죽었지만 하나님은 살아 계십니다. 우리의 상황이 어렵다고 하지만, 우리에게는 여전히 소망이 있습니다. 하나님이 오늘도 살아 계시기 때문입니다. 모세에게는 모세의 시대가 있고, 여호수아에게는 여호수아의 시대가 있습니다. 마찬가지로 바울의 시대가 지나갑니다. 바울은 사라지지만, 하나님의 능력은 여전히 남아서 역사할 것입니다. "여호와의 손이 짧아졌느냐"(민 11:23, 개역한글). 그 하나님이 지금도 우리와 함께하시는 줄 믿습니다. 요한복음 14:12을 읽겠습니다.

마침내, 교회가 희망이다

내가 진실로 진실로 너희에게 이르노니 나를 믿는 자는 내가 하는 일을 그도 할 것이요 또한 그보다 큰일도 하리니 이는 내가 아버지께로 감이라.

놀랍게도 예수께서 그 나약한 제자들에게 "너희가 나보다 큰일을 할 것이다"라고 말씀하십니다. 하나님의 역사는 계속될 것이고, 훨씬 더 위대한 일을 여러분이 하게 되리라는 말씀입니다. 우리는 성경을 읽으면서 하나님이 일하시는 방식을 배워야 합니다. 드로아 공동체는 내세울 것 없는 사람들이 모여 있는 평범한 공동체였습니다. 그러나 그 공동체에서 하나님의 말씀이 선포되고 성찬이 행해지고 하나님의 은혜로 사랑을 나누는 가운데 하나님이 현존하시고, 하나님이 책임지시고, 하나님이 영광받으신 것입니다.

누가복음의 마지막 장면에 엠마오로 가는 두 제자가 나옵니다(눅 24:13-35). 예수의 부활에 대한 개인적인 경험이 매우 상세하게 기록되어 있는 흥미로운 대목입니다. 엠마오는 예루살렘에서 아주 가깝습니다. 이 두 제자는 아마도 그곳 사람인 것 같습니다. 그렇다면 두 제자는 갈릴리 출신의 '오리지널' 열두 제자에 속하지 않습니다. 제자 그룹 중에서도 주변인입니다. 여러분, 생각해보십시오. 예수의 부활에 대한 어떤 확실한 증거 또는 개인적인 간증이나 고백을 전할 필요가 있었으면, 더욱이 그렇게 상세하게 기록하는데 누구를 간증자로 세우는 게 좋겠습니까? 베드로나 요한처럼 유명한 제자가 좋겠지요. 누가는 이 사건뿐만 아니라 수

많은 이들의 부활 경험을 알았을 것입니다. 베드로의 입장에서 서술한 부활 경험도 그의 자료에 있었을 것입니다. 그런데 누가는 왜 베드로나 요한이나 야고보가 아니라 이름도 잘 모르는 두 사람의 이야기를 기록했을까요? 특별한 사람이 하나님의 일을 하는 것이 아니라는 말입니다. 누가복음 24:30-32을 보겠습니다.

> 그들과 함께 음식 잡수실 때에 떡을 가지사 축사하시고 떼어 그들에게 주시니 그들의 눈이 밝아져 그인 줄 알아보더니 예수는 그들에게 보이지 아니하시는지라. 그들이 서로 말하되 길에서 우리에게 말씀하시고 우리에게 성경을 풀어 주실 때에 우리 속에서 마음이 뜨겁지 아니하더냐 하고.

드로아의 유두고 사건과 나란히 읽어 보십시오. 이 누가복음 본문에도 말씀과 성찬이 나옵니다. 드로아 사건과 동일한 주제입니다. 바울은 떠납니다. 그러나 하나님은 계속 함께 계십니다. 역사적 예수의 시대는 지나갑니다. 그러나 하나님은 언제나 함께 계십니다.

엠마오 사건에서 특이한 점 또 하나는, 제자들이 예수를 만났지만 알아보지 못했다는 사실입니다. 뒤늦게 그들이 알아보자마자 예수께서는 사라져 버리십니다. 우리 같았으면 굉장히 아쉬워했을 것입니다. 그러나 이 두 제자는 조금도 아쉬워하지 않았습니다. 역사적 예수의 육체적 현존(physical presence)이 사라졌는데 전혀 아쉬워하지 않고, 걸음을 바꾸어 예루살렘으로 가서 부활의 증인이 됩니다.

드로아 사건과 엠마오 사건은 깊은 유사성이 있습니다. 누가가 이 책을 쓰던 시기는 사도 시대 이후입니다. 바울도 없고 베드로도 없는 시기, 위대한 사도들은 다 떠나고 "저들이 뭘 할까 싶어"라는 말이나 듣는 존재감 없는 사람들끼리 남아서 교회를 떠메고 가야 하는 시기였습니다. 그때 주어진 이 말씀이, 하나님께서 여전히 우리와 함께하시고 영광받으실 것이라는 약속입니다.

여러분, 교회에서 치유가 일어나는 것은 매우 중요합니다. 몸과 마음의 치유는 오늘도 일어납니다. 치유 집회 같은 타이틀을 붙여 놓고 요란하게 한다기보다, 일상적인 신앙생활 안에서, 말씀 안에서 하나님이 주시는 치유입니다. 이 드로아 사건에서 유두고가 언제 살아났는지는 모릅니다. "치유되어야 해!" 이런 게 아니라 그저 말씀을 듣고 은혜를 나누는 가운데 그가 살아났음을 깨닫는 치유입니다. 과거에 문제였던 것이 더 이상 문제로 여겨지지 않는 것입니다. 이것이 바로 평범한 말씀의 공동체에서 일어나는 일입니다. 어떤 영적인 '슈퍼스타'가 있다고 착각하지 마십시오. 엘리야도 우리와 성정이 같은 사람(약 5:17)이라고 했습니다. 드라마틱한 쇼를 보여주는 듯한 치유 집회도 좋지 않습니다. 물론 하나님은 자유의 하나님이시기 때문에 그런 가능성을 부인할 수 없고, 때로 그런 식의 사역이 필요할 수도 있습니다. 그러나 우리가 놓치지 말아야 할 것은 하나님의 역사와 치유의 보편성을 믿는 것입니다. 예배의 자리나 일상적인 구역 모임에서 평범한 신자들이 서로 사랑하며 손잡고 서로를 위해 기도

하는 그 현장에서 치유가 일어납니다.

한국교회는 '특별' 중독입니다. 무슨 특별 집회, 특별 강사, 특별한 영웅, 특별한 간증, 특별 새벽 기도회 등등. 단기간에 승부를 걸려고 합니다. 여러분, 목회에서 1년 52주 주일 예배보다 중요한 사역의 자리는 없습니다. 물론 수련회나 부흥회도 다 중요하지만, 그 일상이 가장 중요한 것입니다. 평범한 사람들이 예수 때문에 행복해지고 예수 때문에 의미 있는 삶을 살게 될 때 그게 세상의 빛이 되는 것입니다. 그게 생활의 빛입니다. 우리의 평범한 일상이 빛이 되는 것입니다. 그러니 여러분, 특별해지려고 노력하지 마십시오.

우리나라에 '지도층 인사'라는 참 이상한 단어가 있습니다. 돈이 좀 많거나 높은 지위에 오르면 지도층 인사라고 합니다. 누가 지도해 달라고 했나요? 한국교회를 대표한다는 사람들, 누가 대표해 달라고 했나요? 그 사람들이 교회를 망치고 있습니다. 평범한 사람들, 평범한 교회가 희망입니다. 스타 목사가 희망이 아니라 그런 평범한 이들의 공동체가 이 땅의 희망입니다. 하나님은 어떤 특별한 재능이나 은사를 가진 사람들에게 희망을 거신 일이 없습니다. 사도신경에 "교회를 믿습니다"라는 고백이 있습니다. 우리는 교회를 믿어야 합니다. 살아 계신 하나님께서 여전히 교회를 통해 역사하실 것이라는 사실을 믿어야 합니다. 모두가 소망이 없다고 하는 이 시대에도 여전히 하나님은 신실한 사람들을 통해 자신의 교회를 세워 가실 줄 믿습니다. 하나님께서 그 교회를 통해 세상이 줄 수 없는 위로와 평안을 공급하실 것입니다. 그래서 교회가 희망인 것입니다.

아무도 혼자 울지 않는 교회

그러면 어디서 출발해야 할까요? "사람들이 살아난 청년을 데리고 가서 적지 않게 위로를 받았더라"(행 20:12). 무엇으로부터의 위로일까요? 첫째로, 죽은 아이가 살아났습니다. "적지 않게"는 약한 표현입니다. 사람들은 엄청난 위로를 받았습니다. 둘째로, 바울과의 작별을 앞두고 사람들은 위로가 필요했습니다. 마음이 아프기도 하고 교회의 앞날이 걱정되기도 했습니다. 그리고 그들 개개인의 삶에서도 눈물 흘릴 일이 참 많았습니다. 제가 시카고에 있을 때 어머니가 돌아가셨습니다. 그때가 미국 시간으로 토요일 저녁이라 주일을 앞두고 있어서 한국으로 나오지 못했습니다. 마음이 몹시 아팠는데, 우리 교회가 중심이 되어 장례 예배를 따로 마련해 주었습니다. 각지에서 목사님들이 오시고 교인과 손님들도 꽤 많이 모였습니다. 그런데 어떤 분이 엄청 많이 우시는 거예요. 제가 잘 모르는 분이었습니다. 나중에 인사하면서 물어보니, 그분이 "우리 어머님도 폐암으로 돌아가셨습니다"라고 하시더라고요. 그러니까 남의 장례식에 와서 자기 어머니가 생각나서 울었던 것입니다. 여러분, 사람이 그렇습니다. 김환영의 「울곳」이라는 시입니다.

할머니, 어디 가요?

- 예배당 간다

근데 왜 울면서 가요?
- 울려고 간다

왜 예배당 가서 울어요?
- 울 데가 없다

　세상에 울 일이 참 많습니다. 그런데 사람들이 울 데가 없습니다. 교회에 와서 우는 사람들은 내가 설교를 잘해서 은혜받고 우는 게 아니라, 그냥 남편이 속을 썩이니까 우는 겁니다. 그렇게라도 울 데가 있다는 게 얼마나 감사합니까? 우리가 목회할 때 이것을 알아야 합니다. 우리 교회의 문을 열고 들어오는 모든 사람에게 눈물이 있고 아픔이 있고 고민이 있고 상처가 있습니다. 그것도 모른 채 "내가 이 사람들을 어떻게 변화시키겠다"고 덤비는 것이 목회가 아닙니다.
　목사의 방을 주로 '목양실'이라고 부르는데, 목양실에 꼭 있어야 하는 게 뭔지 아십니까? 티슈입니다. 목회를 해보시면 압니다. 목사의 방에는 반드시 티슈를 준비해 놓고 있어야 합니다. 사람들이 행복할 때는 목사에게 잘 오지 않습니다. 아프면 옵니다. 그렇게라도 울 데가 있다는 것이 어딥니까? 제가 미국에서 목회할 때는 교회가 크지 않았기 때문에 교인들이 문제가 생기면 바로 달려왔습니다. 어떤 사람은 회사에서 해고되었는데, 집에도 가지 않고 먼저 교회로 와서 목사에게 이야기합니다. 그것이 교회입니다. 그들 인생의 무게가 너무 무거워서, 눈앞에서 죽은 사람이 살아나는 기적을 보고도 해결되지 않을 때가 있습니다. 그 엄청난 짐에 눌려서 그들이 교회에 온다는 사실을 우리가 알아야 합니다.

여러분, 간곡하게 부탁드립니다. 한 영혼을 사랑하는 것을 배우십시오. 특별한 지식과 기술을 가지고 어떤 대단한 일을 하려고 하지 말고, 한 영혼을 사랑하여 눈물 흘리며 붙잡고 기도해 줄 수 있다면, 아니 그냥 함께 울어 줄 수만 있어도 좋습니다. 우리 교회에서 성도들이 교회를 위해 기도할 때 가장 많이 하는 간구가 "아무도 혼자 울지 않는 교회"입니다. 제가 언젠가 설교하면서 했던 말인데, 그 후로 성도들이 끊임없이 이 말로 기도하게 되었습니다. 저는 이러한 현상이 성령께서 공동체를 통해 응답을 주시고 함께 마음을 모으도록 인도하시는 과정이라고 믿습니다. 아무도 혼자 울지 않는 교회, 함께 울어 주는 교회가 되는 것입니다. 우리가 어떤 능력이 있어서 모든 문제를 해결해 주지는 못합니다. 그러나 함께 울어 줄 수만 있다면, 하나님께서 귀하게 보시고 은혜를 주실 줄 믿습니다. 눈물 흘리는 한 사람에게 위로와 소망을 줄 수 있다면, 그 교회는 세상의 희망이 될 수 있습니다. 깨어져 좌절하고 있는 한 가정을 회복시키고 희망을 줄 수 있다면, 그 교회는 세상의 희망이 될 수 있습니다. 하나님은 한 영혼을 천하보다 귀하게 여기십니다(참조. 마 16:26). 한 영혼을 사랑하는 것을 배우는 것이 목회입니다.

한 사람에게 희망이 되어 준다면

구약성경의 룻기는 절망이 소망으로 바뀌는 이야기입니다. 처음에는 절망이 가득합니다. 등장인물의 잇따른 죽음으로 시작합니다. 그러나 마지막에 한 아이가 탄생합니다. 그 아이의 이름이 오벳이지요. 오벳이라는 이름을 누가 짓습니까? 본문을 보겠습니다(룻 4:14-17).

> 여인들이 나오미에게 이르되 찬송할지로다. 여호와께서 오늘 네게 기업 무를 자가 없게 하지 아니하셨도다. 이 아이의 이름이 이스라엘 중에 유명하게 되기를 원하노라. 이는 네 생명의 회복자이며 네 노년의 봉양자라. 곧 너를 사랑하며 일곱 아들보다 귀한 네 며느리가 낳은 자로다 하니라. 나오미가 아기를 받아 품에 품고 그의 양육자가 되니 그의 이웃 여인들이 그에게 이름을 지어 주되 나오미에게 아들이 태어났다 하여 그의 이름을 오벳이라 하였는데 그는 다윗의 아버지인 이새의 아버지였더라.

누가 아이의 이름을 짓습니까? 이웃 여인들입니다. 대단히 의외입니다. 옛날에는 아이의 이름을 주로 남자가 지었습니다. 아버지나 할아버지가 지었지요. 할아버지가 없으니 나오미가 짓는 것까지는 이해가 되는데, 어째서 이웃 여인들이었을까요? 매우 이례적이고 독특합니다. 이웃 여인들이 아이의 이름을 지었다는 사실은 룻기의 주제가 무엇인가와 관련이 있습니다. 소그룹으로 성경 공부를 해보면 사람마다 은혜받고 묵상하는 대목이 다 다릅니다. 미혼 여성들은 주로 보아스 이야기를 묵상합니다. 흔히 룻기를 한 여자가 어느 멋진 남자를 만나서 팔자 고치는 인생 역전 스토리로 읽곤 하는데, 한국 드라마에서 익숙하게 볼 수 있는 주제입니다. 룻기가 과연 그런 이야기인가요? 아닙니다. 룻은 외지인입니다. 게다가 남편과 사별했습니다. 마을에 '훈남'이 하나 있는데, 밖에서 온 '돌싱'이 채어 가면 이웃 여인들이 좋아하겠습니까? 배 아프지요. 굉장히 기분 나쁠 겁니다. 그런데 온 마을이 함께 기뻐하며 아이의 이름을 지어 주었다는 것은, 룻기의 주제가 무엇이며 룻기의 주인공이 누구인가를 보여줍니다. 룻기의 주인공은 룻도 나오미도 보아스도 아닙니다. 베들레헴이라는 마을이 주인공입니다.

희망이라고는 전혀 보이지 않는 한 가정이 이 마을에 도착합니다. 때는 보리 추수 시기입니다. 구약의 율법은 추수할 때 다 베지 말고 밭모퉁이는 남겨 두고, 들고 가다가 떨어진 게 있어도 그냥 놔두라고 합니다(레 23:22). 가난한 이들이나 굶주린 짐승들이 먹을 수 있도록 하라는 것입니다. 룻기의 배경은 사사 시대입니다. 사사 시대 이스라엘 사람들이 이 명령을 잘 지켰을까요? 아닐 것 같습니다. 사람마다 자기 소견에 옳은 대로 행하던 시대였습니다(삿 17:6). 그런데 베들레헴에서는 그 명령이 지켜지고 있었습니다. 또 '기업 무르기'라는 제도가 나옵니다(룻 3:1-18, 레 23:25). 친족 중에 누가 사정이 어려워서 상속받은 땅을 지키지 못하고 잃었을 때 가까운 친족이 대신 사 주는 제도입니다. 결혼해서 아이를 낳으면 키워 주기는 하지만 그 아이는 죽은 친족의 대를 잇습니다. 좋은 제도이지만 자기 재산에 손해가 날까 봐 잘 지켜지지 않았습니다. 그러나 베들레헴에서는 이 제도가 시행되고 있었습니다. 그게 가능했던 것은 보아스뿐만 아니라 이를 당연하게 여기는 마을의 리더들이 함께 있었기 때문입니다.

이처럼 베들레헴은 하나님의 말씀을 지키는 공동체였습니다. 여기서 아무 희망이 없던 한 가정에 희망이 생기고 생명이 피어났습니다. 아이가 태어났는데 이름을 이웃 여인들이 함께 짓는다는 것은, 이 아이가 마을의 아이라는 고백입니다. 아이의 탄생을 가능하게 했던 것이 이 마을이라는 말입니다. 어떤 마을입니까? 특별히 훌륭한 사람들이 사는 마을이 아닙니다. "유다 족속 중에 작을지라도"(미 5:2). 평범하지만 하나님의 말씀을 지키는 사람들이 사는 이 마을을 통해 하나님께서 한 가정을 회복시키십니다. 한 사람, 한 가정을 회복시키는 마을을 통해 하나님께서 세상에 희망을 이어 가시는 것입니다. 베들레헴에서 생긴 희망이 다윗을 통해 온 이스라엘의 희망이 되었고, 지금 온 세계의 희망이 되고 있지 않습니까?

룻기 1:1은 이렇게 시작합니다. "사사들이 치리하던 때에." 이것은 단순한 연대기가 아닙니다. 성경은 첫마디가 매우 중요합니다. 히브리어 성경은 더욱 그렇습니다. "사사들이 치리하던 때"가 어떤 시대입니까? 요즘 한국교회에 희망이 없다고 많이들 말합니다. 언론 보도도 많이 나오는데, 제가 이런 기사를 본 적이 있습니다. "한국교회는 이미 사사 시대로 접어들었다." 가장 어두운 시대, 어떤 희망도 찾아볼 수 없는 최악의 시대라는 말입니다. 오늘 우리 시대의 이야기를 쓴다면 어떻게 시작할 것 같습니까? "한국교회는 이제 희망이 없다고 말하던 시대에", "어디 가서 기독교인이라고 말하기도 부끄러운 시대에"라고 써야 할지도 모르겠습니다. 그러나 감사한 것은, 이것이 1장 1절이라는 것입니다. 1장, 2장, 3장, 4장······, 우리가 써 나가야 할 이야기가 남아 있습니다. 룻기가 말하는 것은 그 어두운 사사 시대에도 어딘가에 빛이 있었다는 것입니다. 그것이 베들레헴입니다. 여러분, 베들레헴 같은 공동체를 세워 가기를 축원합니다.

우리 성경에는 룻기가 사사기 다음에 나오는데, 이는 역사적인 구분입니다. 히브리어 성경 '타나크'(Tanakh)에서 룻기는 '성문서'로 분류되고 그중에서도 마지막에 나옵니다. 이것은 어떤 의미일까요? B. S. 차일즈 교수는 유대인의 정경에서 룻기가 가장 뒤에 위치한 의미를 이렇게 설명합니다. 이스라엘이 바벨론 포로에서 해방되어 돌아왔습니다. 그러나 고국은 폐허 더미일 뿐 아무런 소망이 보이지 않습니다. 우리는 앞으로 어떻게 살아가야 하는가? 어떤 공동체를 만들어야 하는가? 이런 고민을 하던 사람이 룻 이야기를 함께 나누면서 "베들레헴 같은 공동체를 세웁시다"라고 목표를 제시하는 의도로 읽을 수 있다는 것입니다. 이렇게 읽는 것을 '정경 비평'이라고 합니다. 정경의 순서 안에서 이스라엘 사람들이 어떻게 읽었는지를 고려하는 것입니다.

그렇게 보면 룻기의 주인공은 베들레헴이 맞습니다. 포로 귀

환 시대, 아무 소망이 없다고 하던 그 위기의 시대에 베들레헴이라는 마을이 한 가정을 살리고 그 가정이 결국에는 온 민족을 구원하는 빛이 된 것입니다. 아놀드 토인비(Arnold J. Toynbee)가 이런 말을 했습니다. "역사적 성공의 반은 죽을지 모른다는 위기의식에서 비롯되었고, 역사적 실패의 반은 찬란했던 시절에 대한 기억에서 시작되었다." 세계 역사를 연구해 보니, 멸망한 나라들은 번성한다고 할 때부터 이미 망해 가고 있었다는 것입니다. 반면에 찬란한 역사를 이루어 낸 나라들은 위기에서 출발했습니다. 우리가 성경을 보고 하나님의 역사를 헤아리는 시각이 토인비보다 못해서 되겠습니까? 성경은 이미 그 말을 하고 있었습니다.

여러분, 지금 한국교회가 위기인 것은 맞지만, 교회 간판만 붙이면 사람들이 구름같이 몰려오던 그 시대는 훨씬 더 심각한 위기였습니다. 사실 지금 체감되는 위기는 그때 뿌려 놓은 것을 거두는 것입니다. 여러분에게 당부합니다. 주님을 의지하십시오.

저도 이민 목회 중에 정말 어려울 때가 있었습니다. 내 힘으로는 어찌할 수 없는 절대 한계에 봉착한 것 같았습니다. 그때 찬송가 543장을 많이 불렀습니다. "어려운 일 당할 때 나의 믿음 적으나 의지하는 내 주를 더욱 의지합니다." 여러분, 목회는 눈물 골짜기입니다. 목회의 길을 간다면 많은 어려움을 겪게 될 것이라고 미리 말씀드립니다. 그러나 죽을지도 모른다는 위기의식에서 하나님께 영광을 돌리는 사역이 시작된다는 것을 잊지 마십시오.

이제 한국교회에 희망이 있는가, 없는가 묻지 마십시오. 그저 내가, 여러분이 희망이 되는 교회를 하나 세워 가면 됩니다. 그러면 그 교회는 세상의 희망이 되는 것입니다. 어느 정도 사람이 많이 모여야 희망이 되는가? 어느 정도 목회에 성공했다는 말을 들어야 희망이 되는가? 그런 것이 아닙니다. 우리 교회의 문을 열고 들어오는 한 사람에게, 세상에 희망이 없다고 하는 한 가정에 희망이 되어 준다면, 그 교회는 세상의 희망이 되는 것입니다. 하나님께서 보시기에 희망이 되면 희망이 되는 것입니다. 여러분, 믿습니까? 우리의 삶은 하나님께 달려 있습니다. 세상이 어떻게 생각하든지 하나님께서 "네가 세상의 희망이야"라고 말씀하시면 되는 것입니다. 그것이 우리의 사역입니다. 하나님께서 그분의 뜻대로 우리의 삶을 이끄실 줄 믿습니다.

교회는 세상의 빛입니다. "너희는 세상의 빛이라. 산 위에 있는 동네가 숨겨지지 못할 것이요"(마 5:14). 특별한 마을이 아니라, 그저 사람들이 정상적으로 생활하면 당연히 그 마을은 빛을 발하게 되어 있습니다. 빛은 숨기기가 더 어렵습니다. 이미 하나님께서 "너희는 세상의 빛이라" 하시고 그 은혜와 특권을 우리에게 주신 줄 믿습니다. 교회가 교회답게만 되면, 베들레헴처럼 평범한 사람들이 모여서 말씀대로 살려는 몸부림만 있으면 세상에 빛을 발할 수 있습니다.

서두에서 제가 울진 산불 진압에 투입된 헬기 이야기를 했습니다. 그런데 결국 그 산불이 꺼진 것은 비가 내렸기 때문입니다. "뭐 한 거야? 헬기 보내지 말고 그냥 가만히 있을 걸." 맞습니까? 아니지요. 우리가 하나님께 이 메마른 땅에 비를 내려 달라고 기도하려면, 아주 작은 일이라도, 물 한 바가지라도 부으면서 우리의 간절함을 몸으로 나타내야 하지 않겠습니까? 그래야 기도할 자격이 있는 사람입니다. 그렇지 않거든 한국교회의 위기니 뭐니 말하지 마십시오. 물 한 바가지라도 헌신할 생각이 없으면 지금 이 자리를 떠나는 게 좋습니다. 여러분, 교회는 사람에게 달려 있지 않고 하나님께 달려 있습니다. 하나님께서 은혜의 단비를 내리시면 아무리 완고한 심령도 변화하게 되어 있습니다. 내가 변화시키려고 하니 안 되는 것입니다. 하나님께서 하시는 일입니다. 그러나 동시에 우리는 할 수 있는 일을 해야 합니다. 한 사람이라도 전도하고 그들을 귀하게 여기며, 함께 울고 웃어야 합니다. 신학생 시절에 열심히 공부해야 합니다. 기도하고 헌신하고 주님의 사역에 매진해야 합니다. 그럴 때 모든 헤아림을 뛰어넘는 하나님의 평강과 은혜가 임하고, 온 땅에 단비로 임하시는 성령의 역사를, 우리를 당당한 하나님 나라의 군사로 삼으시는 그 역사를 우리가 보게 될 줄 믿습니다. 기도하겠습니다.

하나님, 감사합니다. 주 앞에 나와 헌신하며 말씀으로 훈련받는 이 자리가 참으로 귀하고 감사합니다. 우리를 부르신 것은 주님의 은혜입니다. 앞으로 우리가 살아갈 날들, 우리가 사역할 날들, 좌절하기도 하고 불안하기도 하고 눈물도 많이 흘리겠지만, 그 역시 주님 손 안에 있음을 믿습니다. 주님, 우리를 불쌍히 여겨 주옵소서. 여기 고개 숙인 주의 종들, 젊은 일꾼들을 불쌍히 여겨 주옵소서. 주님께 자신의 삶을 드리고자 하는 이 마음을 귀히 보시는 줄 믿습니다. 부족하지만 우리가 할 수 있는 일에 최선을 다하게 하시고, 주님께서 주시는 은혜의 단비, 새로운 부흥의 시대를 목도하며 기뻐 찬양하는 은혜를 허락하여 주옵소서. 주님께서 사랑하시는 이 신학교에 복 내려 주시고, 여기 세우신 선생님들을 주님의 은총으로 붙들어 주셔서 이 소중한 가르침의 시기 가운데 우리 학생들에게 희망을 전하는, 교회가 희망이요 우리의 소망이 오직 하나님께 있음을 보여주는 신실한 하나님의 사람들이 될 수 있도록 함께하여 주옵소서. 예수 그리스도의 이름으로 기도드립니다. 아멘.

대화

온전히 살아가기

질문 1 이번 사경회 주강사로서 목사님의 소감을 듣고 싶습니다.

행복한 시간이었습니다. 요즘 기성세대 목회자들이 신학생들에 대한 걱정을 많이 합니다. 그런데 이 자리에서 여러분을 만나 함께 예배드리면서, 그것이 기우였구나, 기성세대의 고정관념으로만 젊은이들을 바라보았구나 하는 생각이 들었습니다. 여러분의 찬양하는 모습, 말씀에 집중하는 눈동자를 보니 안심이 될 뿐 아니라 빨려 들어가는 것 같았습니다. 지금 이 순간, 온전히 하나님을 누리고 찬양하는 모습이 참 좋았습니다. 둘째 날에는 필기를 열심히 하는 분들이 많이 보여, 이 시간에 온전히 집중하라는 뜻에서 이번 사경회 설교를 책으로 출간하겠다고 말씀드렸습니다.

제가 한일장신대에 있을 때는 주말에 서울을 오가며 사역했는데, 자주 들리던 고속도로 휴게소에 '커피, 온전히'라는 카페가 있었습니다. 우리는 커피 한 잔의 여유도 갖기 어려울 때가 많습니다. 고속도로 휴게소에서는 마음이 바빠 커피를 테이크아웃해서 서둘러 차를 타곤 하지요. 그런데 휴게소 카페 이름이 '온전히'라니? 의아해하다가 그 카페의 영어 이름을 보고 고개가 끄덕여졌습니다. 'Coffee on Journey.' 우리 모두는 한 순간도 머무를 수 없이 나그네처럼 인생을 지나쳐 갑니다. 젊을 때는 특히 더 마음이 급하지요. 더욱이 오늘날 디지털 시대는 우리의 마음을 한 자리에 머물지 못하게 합니다. 교역자들도 점점 더 많은 일들로 분주한 마음일 것입니다. 그럴수록 커피 한 잔을 마시더라도 온전히 누릴 수 있으면 좋겠습니다. 예배도, 묵상도, 공부도, 친구들과의 대화도, 이성 친구와의 데이트도, 가족과의 시간도 그랬으면 좋겠습니다. 신대원 시절은 여러분의 미래를 준비하는 중요한 시기이지만, 지금 지나고 있는 이 하루하루가 모두 더없이 소중한 시간들입니다. 여러 이유로 불안하고 고민이 많을 때이기도 하지만, 돌아보면 저는 이때가 가장 행복하지 않았나 싶습니다. 우리가 미래를 위해 준비해야 할 가장 중요한 게 있다면, 그것은 어떤 상황 속에서도 지금 이 시간을 '온전히' 살 수 있는 근력을 키우는 일입니다. 지난 사흘은 저의 인생 여정(journey) 가운데 여러분과 온전히 함께하는 시간이었습니다. 여러분 덕분에 행복했습니다. 고맙습니다.

질문 2 **신학 공부를 하면서 분과별로 다양한 개념들을 배우지만 단순 지**

식은 휘발성이 있기 때문에 시간이 지나면 명확히 남지 않는 경우가 많습니다. 신대원 시절에 배운 내용을 토대로 신학적·목회적 가치관을 확립하고 싶은데 어떻게 해야 할지 궁금합니다. 또한 목사님께서는 어떻게 공부하시고 책을 읽으시는지 듣고 싶습니다.

모든 인간에게는 지적 호기심이 있습니다. 알고 싶은 욕구, 뭔가를 알게 될 때 느끼는 쾌감이 누구에게나 있습니다. 문제는 이 욕구가 교란되어 있다는 것입니다. 우리의 미각도 초가공식품 등에 의해 너무 많이 교란되어 있어 식욕 조절에 문제가 발생한다고 하지요. 마찬가지로 우리의 지적 욕구는 온갖 자극적인 정보들에 노출된 채 왜곡되어 있습니다.

또 하나, 우리의 지적 호기심을 교란시키는 것은 지적 허영입니다. 예를 들어 '○○대학교 권장도서 100선' 같은 식으로 말입니다. 그 목록을 보면 누가 읽겠나 싶습니다. 각 분야 전문가들이 책을 선정하다 보니 자기 전공이 아니면 교수들도 읽기 어려운 책이 많은데, 학생들은 더욱 그렇겠지요. 독서 의지를 꺾는 바람직하지 못한 독서 교육법이라 생각합니다.

너무 어려운 책을 붙들고 씨름하지 말고 적절한 수준에서 시작해 독서 근력을 키워 가는 것이 좋습니다. 어려운 책을 읽어야할 때는 독서 가이드를 받거나, 친구들과 함께 읽는 것도 좋은 방법입니다. 저도 신대원 겨울 방학 때 두꺼운 책을 친구들과 함께 읽었던 기억이 있습니다. 지금 생각해 보면 많이 헤매고 엉뚱한 소리만 했던 것 같은데, 그렇게 씨름하는 과정에서 독서 근력이 생긴 것 같습니다.

책에서 얻은 지식을 어떻게 머릿속에 담고 정리할 것인가는, 자신에게 맞는 방법을 개발하는 것이 중요합니다. 한 가지 방법만 고집하기보다는 서너 가지 방법을 익혀 두고 책의 성격에 따라 적용해 보기를 바랍니다.

가장 간단하게는 책에 줄을 긋거나 중요한 단어를 여백에 써 놓는 방법이 있고, '인덱싱'하는 방법도 있습니다. 책을 읽다가 어느 페이지에 중요하게 여겨지는 내용이 나오면 맨 앞의 빈 페이지에 적습니다(가령 "376-개신교와 권위의 문제"). 저는 책 한 권에 이런 식으로 십여 개 적게 되더군요. 나중에 이 인덱스만 훑어봐도 중요한 내용이 생각납니다.

좀 더 잘 기억하고 싶은 책은 장별로 정리해 보십시오. 자신의 말로 서너 문장만 쓰면 됩니다. 전체를 요약하려는 욕심을 버리고, 한 장 한 장 읽고 기억에 남는 내용을 중심으로 쓰는 것입니다. 제대로 정리하고 싶은 책은 서평을 쓰십시오. 서평을 SNS에 올려 공유하는 것도 권할 만합니다. 한 달에 한 권 정도 꾸준히 서평을 쓰면 독자를 의식하는 글쓰기 훈련이 될 것입니다. 서평을 쓸 때도 앞서 말한 것처럼 인덱싱을 해놓으면 밑그림을 그리기가 좋습니다. 그 외에 마인드맵(mind map)을 잘 쓰는 분들도 있는데, 자신에게 맞는 방법을 발전시켜 가면 됩니다.

목회자들은 설교를 준비할 때 다양한 자료를 참고합니다. 말하자면, 성경을 보면서 머릿속에서 일반 서적의 책장을 넘기는 것이지요. 설교자로서 우리가 평생 해야 할 일입니다. 이를 위해서 평소에 그 반대의 행동, 곧 일반 서적을 읽으면서 머릿속에서 성경의 책장을 넘기는 훈련을 할 필요가 있습니다. 성경적 사고를 의식적으로 훈련하는 것입니다. 일반 서적을 읽다가 떠오르는 성경 구절을 여백에 적거나 그에 관한 자신의 단상을 써 놓아도 좋습니다. 그것이 나만의 엉뚱한 해석일 수 있고, 주석적으로 확인이 필요할 수도 있지만, 창조성은 때로 엉뚱하고 황당한 생각에서 시작됩니다. 그러나 엉뚱한 생각으로 그치면 안 되고 부지런함이 따라야 합니다. 열심히 지식을 쌓고 치열하게 사유하는 부지런함입니다. 그런 생각을 나눌 수 있는 친구들이 있다면 더 좋겠지요.

계속 질문을 가지고 책을 읽으십시오. 다독하려고 너무 노력할 필요 없습니다. 내가 재미있게 읽는 것이 중요합니다. '재미있다'(interesting)라는 말은 'funny'나 'exciting'과는 다릅니다. 나의 지적 욕구를 자극하는 것이 'interesting'입니다. 더 알고 싶은 마음이 생기는 것이지요. 그러다 보면 그 안에서 길이 보입니다. 자신이 얼마큼, 어디쯤 공부하고 있는지 점검해 보라고 말씀드렸습니다. "올해 내가 이런 책들을 읽었고, 내년에는 이런 식으로 공부하면 좋겠다." 적어도 일 년에 한 번은 이렇게 자신을 되돌아보며 평생 동안 계속해서 자기 성찰적으로 공부 계획을 세우고 실행해 가기를 바랍니다.

어제 언급했듯이 마구잡이식 책읽기를 지양하고 신대원에서 내가 지금 해야 하는 공부를 좀 더 깊고 넓게 하기를 바랍니다. 예를 들어 한국교회사를 배울 때, 그와 관련해 한국교회의 여선교사들에 대해 알아보고 싶다고 하면 그 부분을 좀 더 깊이 파고 드는 것입니다. 저는 신대원 시절에 한국교회사 기말 리포트를 쓰면서 기독교가 한글문화에 끼친 영향에 대해 공부한 적이 있습니다. 교수님이 제대로 읽어 보시지도 않을 과제를 하느라 다른 신학교 도서관까지 찾아가는 등 요란을 떨었지요. 그때 했던 공부가 지금까지도 저에게 많이 남아 있습니다.

설교도 마찬가지입니다. 갈라디아서 3장에 관해 설교한다고 하면 갈라디아서 전체를 대략이라도 공부해 두는 것이 좋습니다. 'T자형 공부'라고 하지요. 모든 것을 깊이 공부할 수 없으니, 어떤 주제를 쭉 파고들다 보면 재미있는 다른 주제를 만나게 됩니다. 그러면 그 안으로 들어가서 자세히 살펴보고, 또 쭉 가다가 흥미로운 주제를 새로 만나는 것입니다. 그런 식으로 공부할 필요가 있습니다. 이렇게 공부가 쌓이면 만나는 지점이 있고, 어떤 것이 중요한지 눈에 들어올 때가 있습니다. 저도 책을 많이 읽는 편이긴 한데, 제가 소개하는 책마다 다 읽는 것은 아닙니다. 절반이나 3분의 1 정도 읽는 책도 읽고, 차례를 보고 중요한 부분만 읽는 책도 있습니다. 어떤 분야에 관해서는 두세 권 정도 제대로 읽으면, 나머지는 비교적 쉽게 파악할 수 있습니다. 이러한 감각을 익혀 가며 긴 호흡으로 평생 동안 정진하면 좋겠습니다.

질문 3 선배 목사님들이 "교인들은 변하지 않는다"라는 말을 자주 하십니다. 목회 현장에서 변화를 기대할 수 없다면 무엇이 목회자의 기쁨이 될 수 있을까요? 어제저녁 목사님께서 히브리서 6:2을 통해 동사의 역동성이 사라지고 명사의 개념만 남아 버린 게 문제라고 지적하셨습니다. 구체적으로 어떻게 교회와 우리의 삶 속에서 동사의 역동성을 회복할 수 있을까요?

"사람은 변하지 않는다. 그래서 목회가 힘들고 실망스럽다. 그만두고 싶다." 이런 말들 많이 들어 보셨을 것입니다. 그런데 사람은 변화됩니다. 변화되는데, 변화시키려는 나의 의도를 내려놓는 게 힘든 것입니다. 성경 전체가 사람이 "마음을 새롭게 함으로 변화를 받는"(롬 12:2) 이야기입니다. 사람은 변하지 않더라는 우리의 경험이 하나님의 말씀을 뒤엎을 수는 없습니다.

인간의 경험에서 변화의 근거를 찾을 수 없는 것도 아닙니다. 스탠퍼드 대학교 심리학과 교수 캐롤 드웩(Carol S. Dweck)이 쓴 『마인드셋』이라는 책이 있습니다.[1] 저자는 수십 년간의 연구 끝에 성공과 실패를 가르는 단순하지만 놀라운 차이가 바로 '마인드셋'(마음가짐)이라는 것을 발견합니다. 간단히 말해 '변화될 수 있다'는 마음가짐을 가진 사람은 변화되지만, '변화될 수 없다'는 마음가짐을 가진 사람은 변화되기 대단히 힘들다는 것입니다.

그런데 기억해야 할 것이 있습니다. 사도 바울의 말입니다. "나는 심었고 아볼로는 물을 주었으되 오직 하나님께서 자라나게 하셨나니 그런즉 심는 이나 물 주는 이는 아무것도 아니로되 오직 자라게 하시는 이는 하나님뿐이니라"(고전 3:6-7). 여러분, 우리가 사람을 변화시키는 게 아닙니다. 이 점을 반드시 유념해야 합니다. 내 눈에 뚜렷한 결과가 보이지 않는다고 해서 목회가 의미 없는 것이 아닙니다. 하나님이 자라게 하시고, 하나님이 변화시키십니다.

변화는 목회 현장 혹은 제자훈련 '클래스룸' 안에서만 일어나는 것이 아닙니다. 오늘날 학교교육의 실패는 '커리큘럼의 신화'에서 기인합니다. 어떤 과정을 거치면 이런 인간이 나올 것이라는 사고의 틀입니다. 한 인간의 변화는 훨씬 복잡하고 미묘합니다. 하나님께서는 한 사람을 그 인생 전체를 통해, 다양한 관계와 상호 작용 안에서, 그리고 갖가지 경험들을 사용하여 변화시키십니다. 그 경험에는 고난도 포함되지요.

그 안에 목회자가 담당해야 하는 부분이 분명히 있지만, 그것이 어떤 변화를 보장하지는 않습니다. 변화의 때와 성격과 방향도 '나의 목회'라는 범위를 훨씬 넘어섭니다. 인생 자체가 하나님의 '클래스룸'입니다. 그런 점에서 '하나님의 목회'라고 할 수 있으며, 인간 목회자는 하나님의 손에 들린 도구 중 하나로 보아야 합니다.

'동사의 역동성'이라는 말을 다시 설명하면, 한 시대에 선포되고 실천되던 신앙이 세대를 건너 전해질 때는 파일을 압축하듯이 개념화된 형태로 전달됩니다. 그 개념을 이해하려면 이론적 설명이 필요하지만, 신학이 거기에 만족해서는 안 된다는 것입니다. 압축 파일을 풀어 그때의 실천을 오늘의 상황에 맞는 실천으로 구동(operate)시키는 것이 신학입니다. 그런 면에서 모든 신학은 실천신학이어야 합니다. 현장에서 실천해 보고, 그 가능성과 한계들을 신학하는 과정에 반영해야 한다는 것이지요. '사랑'을 분석하는 데만 그치지 말고, 웬만큼 분석했으면 그것을 하나의 작업가설로 삼고 실천하는 것입니다. "사랑의 수고"(살전 1:3)를 해봐야 사랑을 알 수 있습니다. 스프링 보드에 서서 물속을 바라보고 어느 정도 감이 잡혔으면 뛰어들어야 합니다. 그때 비로소 진짜 신학이 시작되는 것입니다.

> **질문 4** 오늘날 교회에 대한 비판조차 사라져 가는 상황에서 우리가 세상을 향해 던질 수 있는 메시지는 무엇일까요? 또한 교회 안에까지 스며든 물질만능주의에 어떻게 대처해야 할까요?

지금 우리는 아파트 평수로 인간의 등급을 매기는 극단적인 물질주의 사회를 살아가고 있습니다. 그러나 한 가지 희망이 있다면, 사람들의 세계관은 생각보다 느슨하다는 것입니다. 흔히 보수와 진보로 나뉘진다고 여기지만, 보수적인 사람도 어떤 면에서는 매우 리버럴한 생각을 하고, 진보적인 사람도 매우 보수적인 견해를 가진 대목들이 있습니다. 어떤 사람의 세계관도 그렇게 견고하거나 조밀하지 않습니다. 빈틈이 있고 모순이 있습니다. 우리도 다 그리스도인이라고 하지만 저마다 다른 세계관과 가치관을 가지고 있지 않습니까? '안티 그리스도인'도 마찬가지입니다. 어떤 면에서 기독교에 관심이 있으니까 안티 그리스도인인 것입니다.

물질만능주의가 이 세상을 지배하고 있다는 데 동의합니다. 우리가 성경적인 신앙을 견지하기에 대단히 어려운 시대인 것이 사실입니다. 그러나 대화의 접점이 전혀 없는 것은 아닙니다.

「나의 해방일지」라는 드라마를 보면, 여주인공이 "내가 고등학교 다닐 때부터 교회에서 늘 하는 기도는 입시, 취업, 성공……, 그런 것은 세상에서 하는 건데 이럴 거면 내가 왜 교회에 오지? 뭔가 다른 게 있지 않을까?"라고 말합니다. 목사들은 세상이 물질만능주의에 빠졌다면서 포기하고 대중문화를 따라가거나, 세상적 성공이나 번영, 위로 같은 주제 주위를 맴도는 이 시대에, 오히려 TV 드라마에서 그게 다가 아니라 뭔가 다른 차원이 있는 것 같다고 말하지 않습니까? 그런 갈급함이 예수 믿는 사람들뿐만 아니라 예수 안 믿는 사람들에게도 있다는 것입니다. 날이 추울수록 따뜻한 방에 들어설 때 받는 위안이 더욱 절실하듯이, 결코 물질만으로 살 수 없는 인간이 물질만능의 세계에 던져졌을 때 느끼는 상실감이 오히려 참 신앙의 가능성을 열어 준다고 보고 싶습니다.

질문 5 애플의 CEO 팀 쿡(Tim Cook)은 "나는 인간처럼 생각하는 능력을 가진 컴퓨터에 대해 걱정하지 않는다. 내가 걱정하는 것은 컴퓨터처럼 생각하는 인간이다"라고 말했습니다. 그의 발언은 과학 시대 속에서 인간됨이란 무엇인가라는 현대인의 공통된 물음을 나타낸다고 생각합니다. 이번 신앙사경회의 주제인 "목회자의 삶과 영적 성장"도 이러한 질문을 하는 시대적 맥락에서 다루어져야 한다고 보는데, 목사님께서는 오늘날 '인간됨'을 어떻게 정의하시는지 궁금합니다.

전통적으로 '인간됨'을 정의할 때 '호모 사피엔스'(Homo

Sapiens), '호모 루덴스'(Homo Ludens) 등 여러 구분이 있는데, 그것은 모두 인간을 동물과 비교해 인간의 우위성을 규정하는 개념입니다. 인간은 생각하거나 유희를 즐기는 등 다른 동물들이 못하는 것을 할 수 있다는 의미이지요. 그러나 이제 기계가 '생각'을 하는 시대가 왔고, 보기에 따라서는 인간보다 더 잘하는 것 같습니다. 앞으로 올 인공지능(AI) 시대는 인간의 직업을 앗아 갈 것이며 그에 따라 부의 양극화가 극심해질 것이라는 예측은 매우 현실적으로 다가옵니다. 이 문제와 함께 두 번째 문제, 곧 '기계의 인간화'와 '인간의 기계화'가 급속히 진행되고 둘 사이의 경계가 흐릿해져 가는 시대 상황 속에서 인간됨이란 무엇인가라는 근본적 물음이 제기됩니다.

인간의 기계화는 이미 오랜 시간 진행되어 왔습니다. 20세기는 포드주의(Fordism) 생산 방식, 곧 커다란 컨베이어 벨트가 돌아가고 인간의 노동은 마치 그 기계의 한 부속품처럼 여겨지는 시스템으로 문을 열었습니다. 백 년 이상의 세월이 흐른 지금, 인간의 사고 속에서 기계의 위치는 계속 격상되고 있습니다. 예전에는 매우 똑똑한 사람을 보고 "귀신같이 안다"고 했지만, 요즘에는 "컴퓨터 같다"고 말하지요. 이른바 탈주술화(disenchantment)가 인간화의 방향으로 가지 않고 기계화의 방향으로 가고 있는 것입니다.

우리 시대는 인간을 생산성으로 평가합니다. 한 시간 동안 얼마큼의 가치를 생산해 내는가에 따라 평가하고, 죽어도 거기에 맞춰 인간의 가치가 매겨집니다. 이미 인간은 지나치게 기계화

되어 있습니다. 기계화 시대의 도전에 직면하여 우리는 진정한 인간다움이 무엇인지 그 대답을 찾아야 합니다. 대단히 중요하고 절박한 물음입니다. 짧은 시간 안에 다루기 어려운 주제이기 때문에, 이번에는 이러한 문제의식을 공유하는 정도로 하고자 합니다.[2]

앞서 언급했듯이 AI 시대에 돌입하면 가장 큰 문제는 빈부 격차의 극대화일 것입니다. 로봇이 돈을 벌지 않습니다. 로봇을 만들어 소유하고 있는 사람들에게 돈이 갑니다. 앞으로 수많은 이들이 로봇에게 일자리를 빼앗기고, 그렇게 생산된 가치를 소수가 독점하는 극단적인 빈익빈 부익부 사회로 갈 가능성이 매우 높습니다. 따라서 사회적·경제적으로 어떤 안전망을 만들 것인가 하는 고민을 우리 교회와 신학자들이 진지하게 받아들여야 합니다. AI 시대를 어떻게 살아야 하는지에 관해 AI 업계 전문가들에게 자문할 때 어려움이 뭔가 하면, 그 전문가들이 이해 당사자라는 것입니다. 객관적 의견이 아니라 그들 자신의 이익을 대변할 가능성이 큽니다. 의료 사고가 발생하면 대부분 의사들이 조사하는데, 그때 의사들 자신의 이해가 걸려 있는 것과 마찬가지입니다.

'레이퍼슨'(layperson)이라는 말이 있습니다. 주로 평신도를 가리키지만, 의사나 법조인이 아닌 일반인, 어떤 분야의 전문가가 아닌 평범한 시민이라는 뜻으로 다양하게 쓰입니다. 사회적·정치적·경제적으로 전문가가 아닌 평범한 사람들을 대변하고 보호해 줄 누군가가 필요합니다. 그 일을 교회가 할 수 있다고 저는 생각합니다. 긴 이야기지만, 이러한 방향으로 고민해 보면 좋겠습니다. 2024년 9월에 개최되는 제4차 로잔대회에서 도 "Transhumanism, Technology, and the Redefinition of Man's Salvation"(트랜스휴머니즘, 기술, 그리고 구원의 재정의)이라는 이슈를 다 루는 그룹이 있습니다. 이와 같은 노력이 계속해서 이어지기를 기대해 봅니다.

질문 6 "습관이 바뀌면 교회가 회복된다." "몸이 바뀌면 생각이 바뀐다." 우리의 삶에서 변화가 필요한 영역에 관해 주신 말씀에 많은 도전을 받았 습니다. 그런데 이러한 말씀이 칭의와 하나님의 섭리, 하나님의 일하심을 배제하는 것은 아닌지요? 개혁교회의 관점에서 과연 습관으로 교회가 개 혁될 수 있을까 하는 의문이 들기도 합니다.

먼저 '개혁교회'라는 말을 어떤 입장에서 사용했는지 궁금 합니다. 우리나라에서 이 말은 좁은 의미로 특정한 신학적 성향 을 가진 교단을 지칭하기도 합니다. 여기서는 넓은 의미로 이해 하여 "개혁된 교회는 끊임없이 개혁되어야 한다"(Ecclesia reformata, semper reformanda est)라는 정신을 가진 교회 정도로 받아들여도 될 것 같습니다.

습관을 독립적으로 강조하면 또 하나의 행위 종교나 율법주 의가 될 수 있기 때문에, 그것을 성경 전체의 내러티브와 하나님 나라의 관점에서 볼 필요가 있습니다. 예수께서 말씀하셨습니 다. "아무든지 나를 따라오려거든 자기를 부인하고 날마다 제 십자가를 지고 나를 따를 것이니라"(눅 9:23). 십자가는 "날마다" 지는 것입니다. 즉, 헌신은 매일 해야 합니다. 그것이 습관입니다. 날마다 내가 내 몸을 쳐서 복종하게 하면 그것이 습관이 됩니다. 그렇게 습관이 되어야 성품으로 이어집니다. 예수를 닮은 성품, 그것을 굳이 신학적 용어로 말하면 '성화'라고 할 수 있습니다. 성화를 이루어 가는 과정에서 이 습관의 형성이 중요합니다. 좁은 의미에서 개혁주의는 '성화'나 '칭의'를 지나치게 단계적으로 이해합니다. 이른바 '구원의 서정'(ordo salutis)이라는 도식입니다. 한 시대에 유용했던 설명 방식이지만, 성경이 말하는 성화와 칭의를 정확하게 반영하지는 않습니다. 앞에서 말한 '명사화'로 인한 경직화의 예라고 볼 수 있습니다.

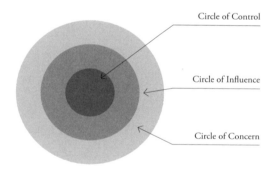

"습관으로 교회가 개혁될 수 있는가?"라고 질문하셨는데, 사실 다른 무엇이 있을까 하고 저는 반문해 봅니다. 교회를 개혁하려는 의지는 정말 중요하지만, 목회자로서, 신학생으로서 우리의 헌신을, 우리의 한정된 시간과 에너지를 어디에 투자해야 할

지 고민해 보자는 것입니다. 『성공하는 사람들의 7가지 습관』으로 유명한 스티븐 코비(Steven Covey) 박사가 이런 도표를 제시했습니다. 가장 중앙에 있는 'Circle of Control'은 내가 마음대로 할 수 있는 부분입니다. 부모 입장에서 내 자녀는 내가 마음대로 할 수 없습니다. 교회도 내가 마음대로 할 수 없습니다. 그러나 내 시간은 내가 마음대로 할 수 있지요. 잠을 잘 수도 있고 책을 볼 수도 있습니다. 넷플릭스를 볼 수도 있고 기도할 수도 있습니다. 그것이 '컨트롤'입니다. 나의 가장 중요한 관심과 에너지는 내가 컨트롤할 수 있는 부분에 가 있어야 합니다.

하나님께서는 인간에게 "땅을 정복하고 다스리라"(창 1:28)는 사명을 주셨습니다. 그렇기 때문에 인간에게는 다스림의 욕망이 있습니다. 다스릴 때의 쾌감이 있습니다. 인간의 타락은 내가 나를 다스리지 못하면서 남을 다스리려는 것입니다. 남은 내가 다스리고 컨트롤할 수 있는 영역이 아닙니다. 물론 내가 컨트롤할 수 없지만 영향을 끼칠 수 있는 영역이 있습니다(Circle of Influence). 내 아이의 삶, 내 아내의 삶, 내가 목회하는 성도들의 삶에 어느 정도 영향을 끼칠 수 있습니다. 마지막으로, 'Circle of Concern'입니다. 이것은 내가 관심을 가져야 할 대상입니다. 우크라이나 전쟁이 발생했습니다. 관심을 가져야 합니다. 기후변화 문제에도 관심이 있어야 합니다.

그렇다면 교회 개혁은 여기서 어디에 해당합니까? 내가 컨트롤하는 것인가? 영향을 끼치는 것인가? 그저 관심만 갖는 것인가? 이것은 유동적일 수 있습니다. 때로는 컨트롤해야 할 때도 있습니다. 어떤 교회가 그 본분을 잊고 정도를 벗어날 때 나가서 비판하고 행동하는 그런 신학생들이 필요합니다. 그러나 지금 이 단계에서 내가 정말 집중해야 할 것은 내가 할 수 있는 일입니다. 교회 개혁은 중요하지만, 나 자신이 지금 무엇을 해야 하는지가 훨씬 더 중요합니다. 내가 교회의 일부이기 때문에 내가 변하는 만큼 교회도 변한다고 생각해야 하지 않을까요? "이 땅의 부흥과 회복은 바로 나로부터 시작되리"라는 찬송을 "교회 개혁은 내 습관으로부터 시작되리"라고 바꿔 부를 수 있을 것입니다.

물론 개인의 변화에 그쳐서는 안 됩니다. 위의 도표를 이렇게 바꿔 보겠습니다.

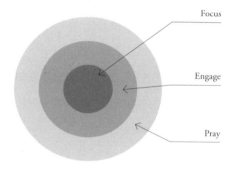

맨 안쪽에 내가 집중해야 할 영역(Focus)이 있습니다. 여기서는 내 인생의 이 단계에서(단계는 얼마든지 바뀔 수 있습니다) 할 수 있는 일을 묻고 거기에 집중해야 합니다. 그다음에 내가 관여해야 할 영역(Engage)이 있습니다. 어느 정도 영향을 끼칠 수 있는 부분에서 자신의 역할을 감당해야 합니다. 마지막으로, 기도(Pray)는 가장 열정적인 형태의 관심입니다. 정기적으로 기도하지 않으면서 어디에 관심이 있다고 하기는 어렵습니다. 내가 당장 뭔가 할 수 없어도 가령 우크라이나를 위해, 팔레스타인을 위해 기도할 수 있습니다. 저도 우크라이나를 위해 정기적으로 기도하던 중에 프라하에 가서, 우크라이나 난민들을 위해 사역하는 분을 만나 도와드린 적이 있습니다. '기도'가 '관여'로 이어지는 것입니다. 어떤 분들은 '관여'하다가 '집중'하게 되기도 합니다. 선교 헌금을 하거나 단기 선교에 갔다가 그 나라에 선교사로 헌신하는 식입니다.

정리하면, 교회 개혁과 세계 선교, 사회 정의를 향한 시각을 넓게 가지되, 내가 지금 집중해야 할 일을 놓치지 말아야 한다는 것입니다. 나 자신의 개혁이 늘 중심에 있어야 합니다.

질문 7 한국교회에서 여성 목회자의 입지는 대단히 좁습니다. 어제오늘의 일은 아니지만, 한 교회의 담임목사로서 목사님께서 여성 사역자들에게 해 주고 싶으신 말씀이 있으면 부탁드립니다.

우리 현실의 교회는 매우 보수적입니다. 그래서 우리가 가야 할 방향, 그 이상을 향해 나아가기에 답답한 면이 있습니다. 참 마음 아픈 일입니다. 1995년, 제가 신대원을 마치고 Th.M. 과정에 있을 때 우리 교단에서 여성 목사 안수가 통과되었습니다. 정말 기뻤습니다. 그 이후 30년에 가까운 세월이 지났지만 여성 목회자의 입지는 여전히 좁습니다. 제 아내도 목사입니다. 평택대에서 목회상담학을 가르치는 교수이기도 합니다. 여성 목회자 문제는 제가 특히 고민을 많이 했던 문제입니다. 미국에서 교회를 개척한 이유도 일반 교회에 부임하면 아내와 함께 사역하기가 힘들겠다는 생각 때문이었습니다. 아내와 함께 사역하는 기쁨을 누렸지만, 제가 개척한 교회였음에도 불구하고 어려운 일이 적지 않았습니다. 여러 사회적 이슈에 대해 개방적인 분들이 여성 목회자 문제에 대해서는 매우 보수적인 시각을 가진 것을 보고 놀란 적도 많았습니다.

논의를 보다 현실적인 차원으로 가져오기 위해 우리 교회 이야기를 좀 하겠습니다. 제가 포항제일교회에 부임하고 나서 여성 사역자 비율이 꾸준히 늘어나고 있습니다. 교회는 은사와 열정을 가진 이들이 그 은사를 제대로 발휘할 때 성장합니다. 한국교회가 쇠퇴기에 접어들었다고 하지만, 여성의 리더십만 잘 살려도 엄청난 활력이 있을 것이라고 생각합니다. 그것이 현재 포항제일교회에서 진행되고 있는 일입니다. 한국교회에 탁월하고 열정적인 여성 사역자들이 많기 때문에 그런 방향으로 나아가야 하는 것은 분명합니다.

그러나 한국교회의 풍토가 매우 보수적이므로 지혜롭게 접근할 필요도 있습니다. 한 걸음 한 걸음 앞으로 나아가는 것을 의미 있게 생각하기를 바랍니다. 어제 말씀드린 대로 나 자신에 대해, 나의 아름다움에 대해 자부심을 가지면 좋겠습니다. 교회 내 여성들의 생각이 잘 안 바뀝니다. 예를 들어, 교회에서 여성 장로를 선출하려고 해도 여성 교인들이 표를 주지 않습니다. 이런 묘한 보수성이 있습니다.

작년에 우리 교회에서 제가 이런 설교를 한 적이 있습니다. "제 임기가 10여 년 남았는데, 포항제일교회 차기 담임목사를 청빙할 때는 최종 후보에 여성도 올라가야 합니다." 물론 여성 목사를 모시라고 못 박는 것은 월권입니다. 그러나 적어도 10년 후에는 우리나라의 유력 교회들에서 담임목사를 청빙할 때 최종후보에 여성 목사도 자연스럽게 올라가는 분위기가 되어야 한다고 생각합니다. 그것이 안 되면 한국교회는 소망이 없습니다. 여성 목회자들의 입장에서는 답답하지만, 당당하고도 지혜롭게, 여성과 남성이 함께 힘을 합하여 하나님 나라를 섬긴다는 관점에서 한 걸음씩 앞으로 나아가는 자세가 필요할 것입니다.

질문 8 코로나19 시대를 통과하며 한국교회에서 가장 많이 무너진 부분은 무엇이라고 생각하시는지요? 올해 부교역자들에게 중점적으로 지시하신 사역은 어떤 것이 있는지도 궁금합니다.

코로나19 시대를 통과하며 무너진 것도 변화된 것도 많은데, 어제 언급했듯이 모이는 일이나 헌신일 수 있고, 예배하고 기도하는 습관일 수도 있겠습니다. 『한국교회 트렌드 2023』을 보면 "초격차 교회"라는 말이 나옵니다. 전체적인 지형에서 가장 큰 문제는 교회들 간의 격차가 더 많이 벌어졌다는 것입니다. 코로나19 사태 동안 유튜브를 통해 여러 교회들을 옮겨 다니며 비대면 예배를 드리다 보니, 자기 교회가 마음에 안 들면 쉽게 다른 교회로 옮길 수 있는 계기가 되어 버렸습니다. 그 결과 유력한 교회나 매력이 있는 교회는 코로나19 사태 이후 오히려 더 성장하고, 대다수의 교회들, 특히 작은 교회, 공동체성이 약한 교회는 매우 어려워지는 양극화가 진행되었습니다. 그것이 가장 아픈 부분입니다. 사회의 고령화라는 한 요소만 보더라도, 10-20년 후에는 큰 교회든 작은 교회든 없어질 교회가 많을 것입니다. 여기에 대비하는 것이 중요합니다.

포항제일교회는 코로나19 사태 중에 이웃 교회들을 지원하고 목회자들을 격려하는 일에 힘썼습니다. 초기에 온라인 예배가 익숙하지 않았을 때, 우리 교회 교역자들과 성도들이 다른 교회에 찾아가서 방송 작업을 돕는 등의 사역을 했습니다. 교회 내적으로도 큰 변화를 시도했습니다. 지역별로 편성되어 있던 교구를 전부 연령별로 바꾸었습니다. 그것이 2022년이었고, 올해 2023년은 그 변화를 안착시키는 데 주안점을 두고 있습니다. 한 가지를 소개하면, 초등생 이하 부모와 중고등생 부모 그룹은 교구와 교회학교를 하나로 합쳤습니다. 그러면 아이들이 부모님들과 함께 교구로 들어가고, 교육부 교역자들과 기존의 교구 교역자들이 함께 사역하게 됩니다. 교구라는 말도 버리고 '공동체'로 바꾸었습니다. 교구는 가톨릭에서 온 개념으로 관리적인 성격이 강합니다.

이제 우리나라도 '초고령 사회'로 진입하고 있기 때문에, 10여 년 후에는 교회가 노년 중심이 될 것입니다. 다음 세대도 중요하지만, 노년 세대 중심의 교회가 어떻게 역동적이 될 수 있는가 하는 고민을 지금 해야 합니다. 기업들은 이미 '실버 산업'에 뛰어들어 고령화에 대응하고 있습니다. 재작년에 제가 이런 말을 했습니다. "한국교회의 다음 세대는 노년 세대입니다." 노년 세대의 역동성에 교회의 미래가 달려 있다는 선포였습니다. 교회를 위해 많은 헌신을 하고도 소외받는다는 느낌을 가지고 계시던 어르신들의 눈이 반짝이기 시작했습니다. 여기서 출발하여 2022년에는 목회데이터연구소와 미래목회와말씀연구원이 함께 한국교회의 노년 목회에 대한 연구를 진행하기도 했습니다.

코로나19 사태 이후 주목할 만한 현상은 '선택적 대면'입니다. 비대면 시대라고 하지만, 사람들이 꼭 하고 싶은 것은 어떻게든 합니다. 반드시 만나야 할 사람은 어떤 식으로든 만나더라는 말입니다. 우선순위에서 밀리는 일은 '비대면'이라는 라벨을 붙여 거절하기 좋은 시대가 되었습니다. 여기서 가치의 문제가 대두됩니다. 교회가 내 시간을 투자하고 내 몸을 움직일 만한 가치 있는 모임이 될 수 있는가 하는 도전에 우리가 직면해 있는 것입니다. 이때 교회가 무엇을 제시할 수 있는지는 우리가 함께 고민하면서 풀어 가야 할 문제입니다. 그중 하나는 공동체성일 것입니다. 함께 모여서 얼굴을 맞대고 몸을 부대끼는 것이지요. 온라인상에는 일방적 가르침만 범람하기 때문에 이러한 공동체성이 강조되어야 할 것입니다. 우리 교회도 공동체성을 강화하는 쪽으로 목회의 큰 방향을 잡고 있습니다.

1강　예배가 구원이다

1. 강남순, 『데리다와의 데이트: 나는 애도한다, 고로 존재한다』 (서울: 행성B, 2022).

2. Hans Dieter Betz, *The Sermon on the Mount: A Commentary on the Sermon on the Mount*, Hermeneia (Augsburg: Fortress, 1995).

3. 디트리히 본회퍼, 『디트리히 본회퍼 설교집』, 김순현 옮김 (서울: 복 있는 사람, 2023).

4. 조르주 베르나노스, 『어느 시골 신부의 일기』, 정영란 옮김 (서울: 민음사, 2009), 80.

5. 헬무트 틸리케, 『신학을 공부하는 이들에게』, 박규태 옮김 (서울: IVP, 2019).

6. Paul Tillich, *Systematic Theology*, Vol. 2: Existence and the Christ, Pbk. Ed edition (Chicago, Ill.: University of Chicago Press, 1975), 44-45.

7. 박영호, 『에클레시아-에클레시아에 담긴 시민공동체의 유산과 바울의 비전』 (서울: 새물결플러스, 2018), 335-404; 『우리가 몰랐던 1세기 교회』 (서울: IVP, 2021), 117-132.

8. 대한예수교장로회(통합) 누리집, 총회 역사, 설립 배경 1, 2. http://new.pck.or.kr/bbs/board.php?bo_table=SM01_02&wr_id=1.

9. 그레고리 빌, 『예배자인가, 우상숭배자인가?』, 김재영 외 옮김 (서울: 새물결플러스, 2014).

10. 마르쿠스 툴리우스 키케로, 『국가론』, 김창성 옮김 (서울: 한길사, 2021), 302.

11. 디트리히 본회퍼, 『디트리히 본회퍼 설교집』, 김순현 옮김 (서울: 복 있는 사람, 2023), 133-134.

2강 섬김이 치유다

1. 수전 손택, 『사진에 관하여』, 이재원 옮김 (서울: 이후, 2005).

2. 미하이 칙센트미하이, 『몰입』, 최인수 옮김 (서울: 2004, 한울림).

3. 팀 켈러, 『복음 안에서 발견한 참된 자유』, 장호준 옮김 (서울: 복 있는 사람, 2012).

4. 로드니 스타크, 『기독교의 발흥』, 손현선 옮김 (서울: 좋은씨앗, 2016).

5. 로드니 스타크, 『기독교와 이성의 승리』, 김광남 옮김 (서울: 새물결플러스, 2021).

6. 로드니 스타크, 『서구는 어떻게 역사의 승자가 되었는가?』, 한바울 옮김 (서울: 새물결플러스, 2022).

7. 존 스타인벡, 『에덴의 동쪽』, 정회성 옮김 (서울: 민음사, 2008).

8. 배희숙, "하나님은 왜 가인의 제물을 받지 않으셨는가", 「기독교사상」 763집 (2022년 7월), 86-96.

9. 낸시 폴브레, 『보이지 않는 가슴』, 윤자영 옮김 (서울: 또하나의문화, 2007).

10. 애덤 스미스, 『도덕감정론』, 김광수 옮김 (서울: 한길사, 2016), 87.

3강 습관이 영성이다

1. 앨리스터 맥그래스, 『기독교, 그 위험한 사상의 역사』, 박규태 옮김 (서울: 국제제자훈련원, 2009).

2. 폴 틸리히, 『흔들리는 터전』, 김천배 옮김 (서울: 대한기독교서회, 1959).

3. 앨런 크라이더, 『초기 교회와 인내의 발효』, 김광남 옮김 (서울: IVP, 2021).

4. 제임스 K. A. 스미스, 『습관이 영성이다』, 박세혁 옮김 (서울: 비아토르, 2018).

5. 알랭 드 보통, 『무신론자를 위한 종교』, 박중서 옮김 (서울: 청미래, 2011).

6. 박영호, 『우리가 몰랐던 1세기 교회』 (서울: IVP, 2021), 81-100.

7. 데이비드 고든, 『우리 목사님은 왜 설교를 못할까』, 최요한 옮김 (서울: 홍성사, 2012).

8. 니콜라스 카, 『생각하지 않는 사람들』, 최지향 옮김 (서울: 청림출판, 2011).

9. 피트 데이비스, 『전념』, 신유희 옮김 (성남: 상상스퀘어, 2022).

4강 성품이 선교다

1. 박영호, "만인제사장론과 선교적 교회", 「선교와 신학」 43집 (2017), 175-210.

2. 제임스 데이비슨 헌터, 『기독교는 어떻게 세상을 변화시키는가』, 배덕만 옮김 (서울: 새물결플러스, 2014).

3. 조너선 색스, 『하나님 이름으로 혐오하지 말라』, 김준우 옮김 (서울: 한국기독교연구소, 2022), 19.

4. 존 스토트, 『설교자란 무엇인가』, 채경락 옮김 (서울: IVP, 2010).

5. 톰 라이트, 『그리스도인의 미덕』, 홍병룡 옮김 (서울: 포이에마, 2010).

6. 알래스데어 매킨타이어, 『덕의 상실』, 이진우 옮김 (서울: 문예출판사, 2021).

7. 알랭 드 보통, 『알랭 드 보통의 영혼의 미술관』, 김한영 옮김 (파주: 문학동네, 2019).

8. 한병철, 『서사의 위기』, 최지수 옮김 (서울: 다산초당, 2023).

9. 김재진, 『사랑한다는 말은 언제라도 늦지 않다』 (서울: 김영사, 2020), 10-11.

5강 마침내, 교회가 희망이다

1. 리처드 H. 탈러, 캐스 선스타인, 『넛지』, 이경식 옮김 (서울: 리더스 북, 2022).

대화_ 온전히 살아가기

1. 캐롤 드웩, 『마인드셋』, 김준수 옮김 (스몰빅라이프, 2023).

2. 그 이상의 논의는 다음을 참조하라. 박영호, 『시대를 읽다, 성경을 살다』 (복 있는 사람, 2023) 중 2장 "AI 시대의 영성"; "인공지능 시대의 영성", 「목회와 신학」 (2024년 1월).